AMERICAN ROAD SONGS

From Chicago to L.A. on Route 66

ルート66を聴く

朝日順子 Junko Asahi

アメリカン・ロード・ソングは何を歌っているのか

青土社

ルート66を聴く　目次

第2章　レコード契約をつかむまで

第3章　成功にまつわる三つの物語

ルート66を聴く

アメリカン・ロード・ソングは何を歌っているのか

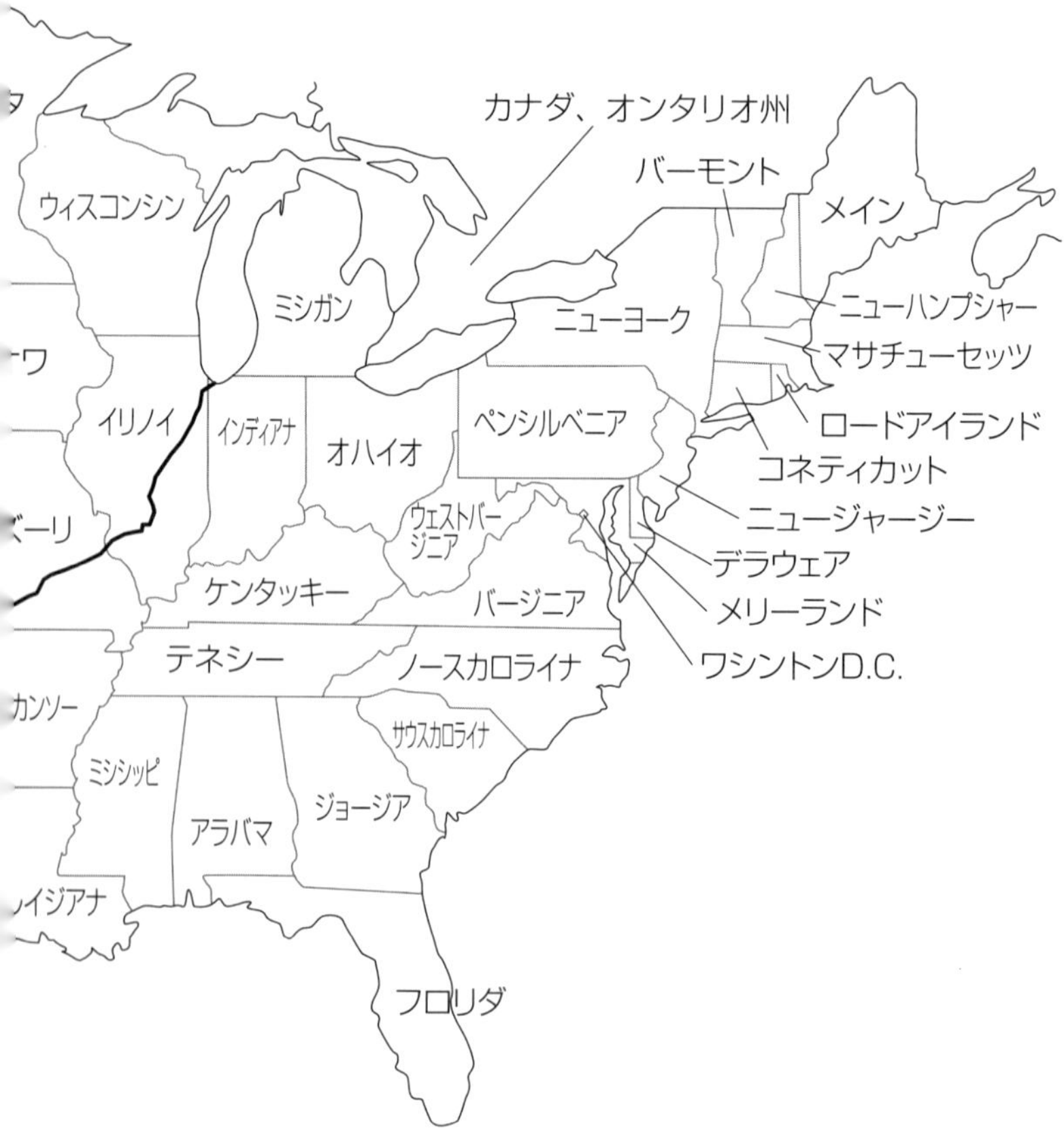
カナダ、オンタリオ州
バーモント
メイン
ウィスコンシン
ミシガン
ニューヨーク
ニューハンプシャー
マサチューセッツ
ロードアイランド
コネティカット
ニュージャージー
デラウェア
メリーランド
ワシントンD.C.
ペンシルベニア
イリノイ
インディアナ
オハイオ
ウェストバージニア
ケンタッキー
バージニア
テネシー
ノースカロライナ
サウスカロライナ
ミシシッピ
アラバマ
ジョージア
フロリダ

アラスカ
ワシントン
モンタナ
ノースダコタ
サウスダコタ
オレゴン
アイダホ
ワイオミング
ネブラスカ
ネバダ
ユタ
コロラド
カンザス
カリフォルニア
オクラホマ
アリゾナ
ニューメキシコ
U.S. Route66
テキサス

ルート66地図

まえがき

一九七八年、サンフランシスコからセントルイスへ向かうＴＷＡ航空の機内。客室乗務員が通路を歩いている。彼女のどっしりとした背中を見ながら、八歳のわたしは、深い安心感に包まれた。サンフランシスコへは、開港したばかりの成田空港から飛び立った。空港建設に反対する地元住民や学生が壮絶な運動をしていることは、子どものわたしでも連日の報道で知っていた。成田には機動隊が大勢いて、物々しい雰囲気だった。母と一一歳の姉と三歳の妹も一緒に、父の住むセントルイスに向かった。誰も英語をしゃべれないし、飛行機に乗るのも生まれて初めてだ。機内では、高低差により耳が痛くなったわたしに、若く美しいＪＡＬの客室乗務員が、冷たいおしぼりを優しく耳に当ててくれた。初めて踏み入れたアメリカで「この国を好きになれそうだ」とわたしが悟ったのは、ＪＡＬとは何もかも対照的に思えたＴＷＡの客室乗務員の、後ろ姿を目にした瞬間だったように思う。

一九七〇年代終わりから八〇年代初頭にかけて住んだミズーリ州セントルイスで、音楽に魅了されて以来、アメリカには合わせて四回住み、旅行も入れれば五〇州のうち四〇州を訪れたが、いつも傍らには音楽があった。音楽は、小さな田舎町や都会の裏通りで生まれる。音楽は、ある時は自由を求めて、ある時は貧困や犯罪から抜け出す唯一の道として、生まれた場所を離れ遠くを目指す音楽家とともに移動する。

そんな音楽の流れから生まれた曲“Take it Easy”の魅力は、「ルート66、ブルーリッジ・パークウェイ、パシフィック・コースト・ハイウェイに人々を惹き付けるもの——冒険と可能性だ」と、イーグルスのドン・ヘンリーは言っている。子ども時代に住んだルート66上の街は、わたしにとってはもう一つの故郷、大人になってから住んだルート66上の街は、アメリカで一番好きな街だ。ブルーリッジ・パークウェイをのんびり走り、見晴らしのいい所で車を停めて山並みを眺めていると、木々の一つが揺れていた。木の実を取ろうとしているのか、小熊が木のてっぺんにしがみついていた——「やあ、こんにちは！」

太平洋沿いの美しい海岸線を走るパシフィック・コースト・ハイウェイを走行中、突然土砂降りになった。視界ゼロの状態に死ぬのではないかと焦りつつも脳裏に浮かんだのは、南カリフォルニアでは決して雨が降らないが、降るときは土砂降りと「カリフォルニアの青い空」で歌われるのは、本当だったのか！ということ。この本では、ルート66を中心に、音楽にゆかりのある各地のハイウェイやストリート、音楽家の生まれたネイバーフッド、成功を目指して移住した街、演奏旅行で訪れた地域、歌に登場する場所などを、わたしの目を通して見た景色とともに紹介する。

大学時代はバックパッカーとして、ヨーロッパ放浪の旅を何度か行い、日本ではユースホステルを巡る旅をした。ヨーロッパと日本は、狭い国土に見所が満載で、次から次へと楽しいことが起こる。大人になってから住んだアメリカでは、旅行でも日常生活においても、見たことのないネイバーフッド、見たことのないストリートを見たい衝動が、なぜだか沸き起こる。ヨーロッパや日本の観光地に比べれば、何の変哲もない郊外であったり、ただの田舎だったりするのだが、この細いロードや広いハイウェイの先には何があるんだろう?と、自分の目で確かめに出かける。子どもができてからは、わざわざ遠くの知らない公園に行くために、度々車を出し（子どもたちは公園に行くためであれば、車内でもご機嫌だ）、そうやって偶然出会ったロードの中には、日本でもお馴染みの名曲「カントリー・ロード」の着想の元となった道もあった。

映画『真夜中のカウボーイ』（一九六九年）には、テキサスからマンハッタンに来た主人公が、大勢の人々が行き交う大都会を、好奇心一杯のキラキラした目をして歩くシーンがある。ワシントンD.C.に向かう国内線の機内でわたしが目にした若者は、強い南部訛りで、出された飲み物が有料かどうか聞いていた。落ち着きなくあたりを見回す彼は、初めて飛行機に乗ったものと思われたが、これから始まる冒険にわくわくしているような目をしていて、『真夜中のカウボーイ』の主人公の表情にそっくりだった。アメリカを旅していると、小型トレーラーを付けた古いセダンに乗る年老いたカップルをよくハイウェイで見かけた。リタイアしてつつましい旅を続けていると思われる彼らが、どこから来てどんな景色を見るのだろうと、想像するのは楽しかった。アメリカの大地に足をつけていると、なぜか皆、移動したい衝動にかられるようだ。

ボブ・シーガーは、ワイオミング州で一人、西へ行くか東へ行くか決めかねていた時の気持ちを"Roll Me Away"で歌っている――バイクでミシガン州からロッキー山脈にたどり着き、"The Great Divide"（北米大陸分水界）を見渡したその時。鷹が飛ぶのを見てソウルが高鳴るのを感じ、自分に合うものを探すために、走り続けることを決意する。彼のような中西部出身のミュージシャンは、音楽産業の二大拠点である東のNY、または西のカリフォルニアを目指し、アメリカ大陸を横に移動する。南部出身のミュージシャンは、北上することから始める場合も多い。本書では、日本ではあまり知られていない、アメリカ中西部と南部の風土や文化、そこに住む人々が何を考えているのか、歌詞から紐解き、わたし自身の体験も記した。

家族が寝静まった夜、布団にくるまり遠く電波に乗って届けられる未知の音楽をラジオで聴きながら育った若者たちは、ゴールドラッシュの時代のようにカリフォルニアを目指す。不思議な運命により集められたバンドは、プロとしての道を歩み始める。アメリカは国土が広いため、インターネットが発達した現在でも、知名度を上げ、アルバムを売るには、地道な演奏ツアーは欠かせない。オン・ザ・ロード（路上）の生活が一年の大半を占めることから、生き急ぐかのように人生が凝縮され、早く亡くなるミュージシャンも多い。彼らは、音楽産業に搾取されながらも、厳しいツアー生活の悲哀と喜び、ハイウェイそのもののようなバンド人生を歌にしてきた。

売れない音楽家たちは、大学サーキットやクラブ・サーキットでアメリカ全土を旅しながら、お互いの道が時にクロスロードのように交わり、さらに新たな音楽が生まれる。聴き手にも音楽家と同じように人生の様々なステージがあり、両者の行く道もまた、クロスロードのように交わる。天職だと思っていた仕事を失ったころ、子ども二人の子育てに追われていた時期に、わたしがアメリカのライヴハウスで観たバンドたちもまた、ロード人生の様々な地点にいた。あまりに沢山のライヴを観てきたので、忘れてしまっているものも多いが、演奏そのものだけでなく、会場の雰囲気、野外であれば芝生の匂いまで、何年経っても忘れられないライヴもある。

本書では、曲が誕生するきっかけとなった様々な地域だけでなく、ライヴ会場やレストランなども登場する。インターネットを使えば、そういった場所を画像で見ることや、地図で位置を確認することもできる。動画サイトを検索すれば、全米各地のハイウェイを走行する動画も出てくる。名前のわかりにくいものには英語のスペルを併記したので、本書を片手にバーチャルなアメリカ旅行を楽しむことも可能だ。それではご一緒に、ルート66の旅に出発しましょう！――Sit back, relax and let the good times roll.

プロローグ

旅立ちは湖のほとりから

ルート66＝イリノイ州シカゴ

エディ・クリアウォーター（1998年、ブルー・シカゴにて）

アメリカ中西部は、ハートランドと呼ばれる。アメリカの中心に位置するだけでなく、「アメリカの心」を持つ文化が育まれる場所でもあるからだ。ハートランドで育ち、ロックスターを夢見てハリウッドを目指した若者たちと、小説『怒りの葡萄』に描かれた、ダウストボウルを逃れてカリフォルニアに向かったオーキーたち。飢えと孤独に襲われながら、「母なる道」ルート66を進む彼らが歌ったのは、社会の枠組みに捕らわれない、自由を求める歌だった。本章では、ルート66の起点となるレイク・ショア・ドライブと、「風の街」シカゴのお勧めスポットを紹介。シカゴ・ブルースの故郷、ウェスト・サイドとサウス・サイドや、東京ローズと出会ったヒップなエリアの思い出など、シカゴにちなんだ曲の歌詞を解説しながら、元住人ならではの、シカゴのディープな魅力を掘り下げる。

ウィリー・ネルソン "On the Road Again"
「路上の歌」ロード・ソングとは?

Willie Nelson & Family / Honeysuckle Rose (1980)

ここに一枚の写真がある。シンガー・ギタリストのデイヴ・メイスンが、自身のフェイスブックに投稿したものだ。ライヴが開催される土地から土地へ、ツアー・バスで移動中にタイヤのパンクに見舞われた彼は、タイヤが交換される間に車内でベーコン・エッグを作っている。奥の部屋には枕のたくさん積まれたベッド、その手前はバスルームだろうか引き戸が見える。そして写真の一番手前には、左手に女性物のコートや帽子のかかるクローゼット、右手に冷蔵庫と電子レンジも備えたマホガニー調のキッチン。カウンターに寄りかかりながら調理するデイヴは、スキンヘッドにずり落ちた眼鏡、Tシャツに短パン姿と、どこから見ても七〇代のアメリカのおじいちゃんで(イギリス出身だが)、その表情は穏やかで満足そうだ。彼はこんがり焼けたベーコンの油を吸わせるために、キッチンペーパーを横に置くのを忘れてはいないし、写真に添えたキャプションで、安全なところに駐車して適切な処置をする、ドライバーに対する感謝の念を記すことも忘れてはいない。

デイヴ・メイスンのライヴを観たのは九〇年代後半、シカゴの小さな「ハコ」、ハウス・オブ・

ブルースだった。伝説的なバンド、トラフィックに在籍し、七〇年代にはソロで数々の名作を生んだ彼を、目の前で見られる幸せを噛み締めたものだ。あれから二〇年以上経ち、今でも彼はオン・ザ・ロードの生活を続けている。オン・ザ・ロードとは何だろう?——それは、音楽家が演奏地間を主に車両で長距離移動する、演奏旅行の「途中」つまり、「路上」である状態を示す。デイヴのようにライフ・オン・ザ・ロード(路上の人生)を送るアーティストやロック・バンドをアメリカで見てきた。彼らは、一番の稼ぎ時である夏は、野外劇場やフェスティバルでのライヴに出演するためアメリカ全土を移動し、道路の凍結や飛行機の遅延などもある真冬以外は、ライヴハウスだけでなく、なんちゃらバー&グリルのような名前の大きめのレストランから、ホテルのラウンジまで、文字通りドサ回りをする。

ローリング・ストーンズのように何十年もスタジアム級のコンサートをやるバンド、小さな会場でのツアーを何年も続けるバンド、昔は大規模なコンサートをやっていて今は小規模のギグを地道に続けるバンドと様々だが、いずれにしても、彼らのロードは果てしなく続くかのように思えてしまう。そして、その長い旅の途中で起こるアクシデント、恋愛、人間模様、望郷の念、喜びと悲哀など、彼らの日常が、ロード・ソング(路上の歌)として書かれ、歌われてきた。本書では、旅立ちから終点まで、ミュージシャンがバンド人生で体験する理想と現実を歌った曲も広義においてのロード・ソングと捉え、何が歌われているのか紐解きながら、ロードの魅力を探りたいと思う。

旅立ちの一曲目として選んだのは、ウィリー・ネルソンの“On the Road Again”(一九八〇年発売の

『ハニーサックル・ローズ』収録）だ。友人と共に音楽を奏でることこそ、わが人生――訪れたことのない場所に行き、二度と目にすることのないものを見、世界が自分たちのものになると信じて、ハイウェイを走る――そんなロードに早く戻りたい、と歌われる。唯一無二の存在感を放つウィリーのヴォーカルに、ハーモニカの音色と手拍子の音が絡まり、仲間が集まり音楽を囲みながら、旅へのわくわくした気持ちを共有するさまが目に浮かぶようだ。ウィリーがこの曲を書いたのは、路上……ではなく、機上だ。一九八〇年公開の映画『忍冬の花のように』の主題歌向けのいい曲はないかと、エグゼクティブ・プロデューサーに飛行機の中で訊かれた彼は、その場で思い付いた言葉とメロディをエチケット袋にさらさらと書いたという。主題歌は八一年のグラミー賞で最優秀カントリー楽曲賞を受賞し、今でもロード・ソングを代表する曲として親しまれている。

ウィリーが主演を務める映画の方も、主題はロードだ。彼はバンドとともに、テキサスの州旗が描かれたおんぼろバスで各地を移動しながら、ライヴを行う。バスの中で移動中に眠ることも多く、たまに安ホテルにチェックインできたとしても、ライヴの興奮から、酒の力を借りても眠れない。食事は車内でこしらえたサンドイッチか、ダイナー(アメリカの大衆食堂)で、とこんな旅が続く。数か月に一度戻れる我が家での滞在も、時間は限られている。訪れた土地で歓迎され、演奏しては去っていく――家族に与えられた時間も観客と同じではないか、もっと家にいてくれと妻に懇願される……それでもロードはやめられない。ロード生活を三〇年続けた後にリタイアし、テキサスで農夫をする年老いたバンド仲間が、戻れることならロードに戻りたいと言うセリフが、印象的だ。

アリオッタ・ヘインズ・ジェレマイア "Lake Shore Drive"
ルート66の起点は、海のような湖

Aliotta Haynes Jeremiah / Lake Shore Drive (1973)

海のように巨大な湖を眺めながら摩天楼に向かって車を走らせる——こんな体験ができるのは、世界広しといえどもここだけじゃないかと思うのが、シカゴのレイク・ショア・ドライブだ。読者の皆さんとロード・ソングを聴きながら、ルート66を共にドライブする気分を本書で味わうことができたら——ルート66の成り立ちについては次節に譲るとして、これから何千キロも車に同乗することになるわたし自身のことを、知ってもらった方が安心できるかもしれない。というわけで、二〇代のころに住んでいた、ルート66の起点であるレイク・ショア・ドライブを紹介がてら、自分の話を少しさせてほしい。

対岸が見えないほど巨大なミシガン湖に沿って走るこの「Lake Shore Drive＝湖のほとりの道」には、見どころがいっぱいだ。中西部から西海岸へ、西へ西へとひた走るこの旅も、最初のうちは南下することになるので、北から順番に見ていこう。一八六八年設立のリンカーン・パーク動物園の目玉は、もちろん動物——そして入場料がなんと無料！であること……だが、個人的に一番の見どころだと思うのは、設立当時の流行であるヴィクトリア朝のロマン主義を反映した、その景観だ。都会の真ん中なのに緑がいっぱいで、池にフラミンゴが群れるさまは、時を忘れて眺めていたくなるほど美しい。

動物園から数ブロックの公園オズ・パークには、『オズの魔法使い』のかわいい銅像がいくつもある。ルート66の主要な舞台である中西部と、『オズの魔法使い』の結びつきは強い。映画でも有名なこの子ども向けの本は、シカゴ在住の著者と挿絵画家により書かれ、一九〇〇年にシカゴで出版された。わたしは、小学生のころ中西部セントルイスに住んでいた。学校の発表会で『オズの魔法使い』をやり、カンカン帽とステッキを持ちながら「イエロー・ブリック・ロード〜」と歌った――役柄はもちろん、その他大勢。『オズの魔法使い』では、主人公ドロシーがカンザスで竜巻に巻き込まれる。中西部は高低差のない平原が続くせいか竜巻がとても多く、ドライブしていると灰色の渦が空に向かっているのを遠くに見かけることが、たまにある。わたしの通った小学校でもそういえば、定期的に竜巻の避難訓練があった。

レイク・ショア・ドライブに戻ろう。左に湖を見ながら車を走らせると、右手後方には二本の白い角を生やした黒いビル、ジョン・ハンコックがそびえ立つのが見える。ジョン・ハンコックが立っているのは、シカゴの銀座ともいうべき、高級ショッピング・ストリートのミシガン・アベニューだ。レイク・ショア・ドライブをさらに進むと、ベイビーブルーの三角屋根をした古い高層ビルが見える。ここは二〇一二年まで『プレイボーイ』誌の本社があり、プレイボーイ・ビルディ

シカゴ、レイク・ショア・ドライブ（1997年、車内から撮影）

ングと呼ばれていた。創業者のヒュー・ヘフナーはシカゴで生まれ、プレイボーイ・バニーの住むプレイボーイ・マンションも、ロスアンゼルスに移る前は、シカゴにあった。

この本社の向かいのマンションに住んでいたので、プレイボーイ・ビルディングにあるスーパーには、毎日買い物に行った。シカゴは「ウィンディー・シティ」と呼ばれるだけあり風がとても強く、レイク・ショア・ドライブ沿いの我が家の窓ガラスは、ミシガン湖からの風を受け、しょっちゅうビリビリと音を立てていた。シカゴの季節は、夏と冬の二つしかない（ように感じられる）。冬はカナダよりも寒く、外に出ると数分で顔がパリパリと凍るため、マフラーで顔を覆って出かけねばならない。それだから冬は必然的に家にこもることが多くなり、一面凍ったミシガン湖と、レイク・ショア・ドライブを上ったり下ったりする車の列を、いつも家の窓から見下ろしていた。湖の氷が割れ、流氷のようになると、温かい季節が待ち遠しくなる。そして突然、夏がやってくる。長い冬のせいで心がふさいでいた人々もみな、Tシャツ・短パンにビーチ・サンダルで、レイク・ショア・ドライブ沿いのビーチにくり出すのだ。

我が家の向かいのビルにあるスターバックス・コーヒーで、シカゴと成田を行ったり来たりする路線で客室乗務員をしている人に日本語を教えていた。暖かくなると、よく外のテーブルでピープル・ウォッチングをしながらレッスンをした。隣のビルにテレビ局があったので、テレビで毎日目にするニュース・キャスターが、前を通る。生徒はおしゃれなゲイの男性だったので、必ずキャスターたちのファッション・チェックをした。その辛口批評に毎回、わたしは笑い転げた。路上の鳩を、「飛ぶネズミ」と言って毛嫌いしていたのもおかしかった。やがて彼は、インテリア・コーディネーターの夢を叶えるために、ニューヨークに引っ越していった。

近くのビルには、ノースウェスタン大学の学生が集まるスポーツバーがあり、仲間の学生たちに誘われて何度か行った。テレビでプロスポーツの試合を流していて、音楽は一〇年位前のヒット曲が、がんがんかかっていた。すごいボリュームのリューベン・サンドイッチが好きだったが、音楽はそれほど好みではなかった。

レイク・ショア・ドライブをさらに南下すると、ビーチの先に湖に向かって大きくせり出す埠頭、ネイビー・ピアが見えてくる。遊園地やレストラン、ショップなどを有する一大観光施設で、その姿は、ルート66の終点である、カリフォルニアのサンタモニカ・ピアにそっくりだ。跳ね橋を渡り、車を南に走らせると、シカゴ・ブルースの故郷、サウス・サイドに突入。シカゴ・ブルズの祝勝会や、ブルース・フェスに参加した思い出のグラント・パークを通り、右手に見えてくるのは、シカゴ美術館。ここの隠れた目玉は、地下のミニチュア・コレクションだ。様々な様式のドール・ハウスのような部屋が六八個展示され、子ども時分に訪れた時は夢中になり、大人になってからも何度も足を運んだ。美術館からすぐのところにあるエクスチェッカー・レストラン&パブ（Exchequer Restaurant & Pub）では、シカゴ名物のディープ・ディッシュ・ピザ（分厚いパイのようなピザ）が食べられる。この地には、かつてアル・カポネが禁酒法時代に通ったバーがあり、当時の内装が店の天井裏にまだ残されている。

湖に突き出すように水族館が左手に見え、博物館を過ぎるとすぐ、ローリング・ストーンズが頻繁にコンサートを行う、ソルジャー・フィールドの真横を通ることになる。

シカゴに引っ越したばかりのころは、家に閉じこもりがちだった。日常の用事でもビルからビルに入り、いちいち高速の回転扉を抜けて建物に入ることになるため、大都会のペースの速さにとまどったのだ。慣れてくると、昼間は街じゅうを歩き回った。アメリカに来るために、天職だと思っていた編集者としての仕事を辞めた、その心の空白を埋めるかのように。夜はプレイボーイ・ビルディングの隣にある、ノースウェスタン大学の社会人コースで「創作」のクラスを取り、エッセイを書いた。それでも満たされない何かを感じると、一人で訪れるお気に入りの場所があった。それは、みんながジョギングしたりするビーチから少し離れた、湖畔の木立の間。黙って水面を眺めながら、わたしは信じていた――どうにかなると。シカゴの長い冬にだって、必ず終わりは来るのだから。

巨大な湖に思いを飲み込ませ、無心になる。一四階にある我が家から、冬のミシガン湖とレイク・ショア・ドライブを眺める。こんなわたしの体験にどことなく似た背景から生まれたのが、シカゴのバンド、アリオッタ・ヘインズ・ジェレマイアによる"Lake Shore Drive"（一九七三年発売の同名アルバム収録）だ。朝の四時に車を走らせれば、そこにあるのは自分と自分のマインド、それにレイク・ショア・ドライブだけ、と歌いながら、この道のかなり正確な描写がなされる。作者のスキップ・ヘインズは、シカゴのクラブでの演奏を終え、明け方にレイク・ショア・ドライブ沿いの自宅に戻り、雪の降るミシガン湖とレイク・ショア・ドライブを一四階の窓から見下ろしながら、この曲を思い付いたという。お金を借りてやっとシングルにするも全く売れず、数年してラジオから火が付き、今ではシカゴで愛されるご当地ソングになっている。

ビートルズの"Lucy in the Sky With Diamonds"は、曲名の頭文字がドラッグのＬＳＤになるとして、放送禁止になった。"Lake Shore Drive"の歌詞にも、レイク・ショア・ドライブの通称、ＬＳＤが出てくる。ＬＳＤですべるように走れば、恵み深き青い光が並走してくれる、とドラッグやパトカーの青いランプを示唆する言葉に、クスッとさせられる。どことなくもの悲しくものんきな雰囲気のピアノと、終わりに繰り返される、明日には明日の風が吹くという趣旨の言葉も印象的だ。その背後にあるのは、日本のコマーシャルなどで描かれる、明るく楽観的なアメリカではなく、そう信じないと前に進めないといった類の何か――長い冬に耐えた人だけが知っている、地に足の着いたおおらかさとでも言うべきか。都会なのに無骨であか抜けないシカゴの人々らしい、懐の深さが感じられるのだ。

チャック・ベリー“(Get Your Kicks on) Route 66”
アメリカの「真ん中の道」ルート66とは？

本書で選んだ曲は結果的に、どれもわたしのソウル（魂）に近いものになったが、これらはまた、アメリカのバイカー（バイクに乗る人）が好んで聴くような曲ばかりである。音楽の趣味がバイカーとほぼ一致するだけでなく、バイクや車には全く詳しくないのに、車の周辺カルチャーには興味がある。大学を出て最初にやった仕事は、洋雑誌の輸入だった。バイカーの雑誌やホットロッド（アメリカの改造車）の雑誌を、勤務中に食い入るように見ていた。特に興味をそそられたのが、各地で行われる集会のレポートだ。ロード・ソングが好きなことからもわかるように、車やバイクで移動→集まる。こういった図式のものに、言いしれぬロマンを感じてしまうのかもしれない。

他にも仕事を忘れて見入っていたのが、アメリカの専門誌の広告だ。ゲイ雑誌にはゲイ専門の旅行会社や保険会社の広告が載っていて、「ほー、やっぱりアメリカは進んでるなあ」と思いつつ眺めていた。あとは、ブライダル誌のモーテルの広告。ヨーロッパや日本に比べれば相当ダサいウェディング・ドレスのグラビアを見る気はせず、それよりも、後ろの方に載っている田舎のモーテル

Chuck Berry / New Juke Box Hits (1961)

の小さな広告を見るのが好きだった。結婚したばかりの二人のためのハネムーン・スイートが、写真付きで紹介されていた。モーテルのなかの一室がハネムーン仕様になっていて、部屋のなかに巨大な透明のシャンパン・グラス状のバス・タブ（もちろん泡風呂になっている）が置かれているものが多かった。なかにはシャンパン・グラスから、らせん状の滑り台で滑れる仕様のものもあり、「何だよこれ、すげーな」と思いながら見ていた（仕事しろよって感じだが）。

“motor”（車）と“hotel”（ホテル）を組み合わせた造語“Mo-Tel”と呼ばれる、世界初のモーテルがカリフォルニアに誕生したのは一九二五年、ルート66開通の前年だ。それから一〇〇年近く経った今でも、平屋づくりで（たまに二階建て）、自分の泊まる部屋の目の前に駐車でき、フロントとのやり取りは必要最小限と、簡単・便利なモーテルの基本仕様は変わらない。

車での長旅にはモーテルが欠かせない。何州にもまたがって車で移動する時は、その日のうちに、行けるところまで行く。暗くなり、運転の疲れもピークに達したころに、モーテル6などのチェーン店の看板が出てきたら、ハイウェイを降りるようにしている。モーテル6は、六〇年代の創立時に宿泊料が六ドルだったことから名付けられた。安宿だが、知らない街に泊まる時は、チェーン店だと安心するのだ。どこの街だったか、泊まった際は、ハネムーン・スイートしか空きがなく、部屋の真ん中にどでかいジャグジーが置かれていた。たまにそういうハプニングもあるが、あの時はゆったりと風呂につかれて、日本人としてはありがたかった。

泊まったことはないが、ルート66には、一九三〇年代から五〇年代にかけてできたレトロなモーテルもあるようだ。イリノイ、ミズーリ、カンザス、オクラホマ、テキサス、ニューメキシコ、アリゾナ、カリフォルニアの八州を通る全長約三九〇〇キロのルート66（国道六六号線。正式名称はU.S. Route 66）が開通したのは、一九二六年。二〇年代に入り、爆発的に車が普及したのに伴い西をめざす人々が増え、「物」と「人」を運ぶために、アメリカを横断する道が必要となったのだ。シカゴとロスアンゼルスを結ぶ最短ルートであることだけでなく、景観の素晴らしさも売りにした開通当時のキャッチフレーズは、「メイン・ストリート・オブ・アメリカ」（アメリカのメイン・ストリート）。孤立している田舎を幹線道路につなげるため、都市部と田舎のメイン・ストリートを数珠繋ぎにしたのが、ルート66だ。アメリカはどの道にも名前が付いている。そして、町の中心にメイン・ストリートと名の付く道がある地域は、全国にある。アリゾナ州フェニックスを訪れた時、地図を頼りにその日の宿のあるメイン・ストリートを目指していたら、隣町のメイン・ストリートにたどり着いてしまったことがある。アメリカのど真ん中を横断することからも、「アメリカの真ん中の道」は、まさにルート66にふさわしい称号といえよう。

三〇年代になると、オクラホマ、テキサス、アーカンソーや中西部の州が、砂嵐により「ダストボウル」と呼ばれる状態になる。耕作不能に陥った農民や、大恐慌による苦境にあえぐ人々が、仕事を求めてカリフォルニアに移住する。一九六二年にノーベル文学賞を受賞したジョン・スタインベックが、オーキーと呼ばれるこういった人々（オクラホマ州の人が多かったため、オーキーになった）をカリフォルニアで目にして書いたのが、名作『怒りの葡萄』（一九三九年）だ。土地を追われた貧しい農民一家が、マザー・ロード（母なる道）と称えるルート66を、オクラホマからカリフォルニアまで旅する過酷な物語だ。

オーキーをカリフォルニアで待ち受けていたのは、仕事不足や差別といった悲惨な現実だった。夢破れた彼らの大半は故郷に戻っていったが、移動したのは「人」と「物」だけではなかった。「人」があるところには、「音楽」もあるのだ。オーキーの音楽は後に、カリフォルニア独自のカントリー・ミュージック、ベーカーズフィールド・サウンドの発展につながる。

プロテスト・ソングを歌うフォーク・シンガーとして、ボブ・ディランにも影響を与えたウディ・ガスリー。オクラホマ出身の彼は、オーキーと共にカリフォルニアを目指す放浪の旅をした。故郷を思い出す彼の歌に、オーキーたちは慰められたという。カリフォルニアに住み着いてからも彼は、ラジオＤＪとしてヒルビリー・ミュージックをかけ、移住民の心を慰めた。ウディはスタインベックと親友になり、ＮＹ移住後に発表したアルバム『ダスト・ボウル・バラッズ』には、『怒りの葡萄』についての曲が含まれる。発行までに二〇年以上の時を要した、アラン・ローマックス、ウディ・ガスリー、ピート・シーガー編著*Hard Hitting Songs for Hard-Hit People*（一九六七年）の序文に、スタインベックがオーキーと音楽との関係について記しているので、以下に引用する。

数年前のことだ。ダストボウルから逃げた人々がキャンプをしている場に居合わせた。飢えが充満していたが、そこに歌が聞こえてきて、大丈夫だ……とわたしは確信した。彼らの歌には孤独と苦悩が表れていたが、同時に獰猛なほどの闘志が感じ取られた。「みじめな気分で道を下る」と歌っても、次の行では、「こんな扱いは絶対にごめんだ」と歌っていたのだ。

ここで引用されている曲は、アメリカのトラディショナル・ソング“Going Down The Road Feelin' Bad”で、ウディをはじめ本書に出てくる多くのアーティストがカヴァーしている、古いロード・ソングだ。

大規模移動はルート66に経済的効果をもたらし、道の舗装が進み、沿道の店が潤った。第二次世界大戦が起こると、南西部のルート66沿いに軍の訓練施設がいくつも出来た。軍人の若者らは戦争が終わると故郷に戻ったが、軍の拠点があったカリフォルニアや南西部の暖かさが忘れられず、ルート66を使い再び西を目指すこととなる。そんな元軍人の一人が、音楽家のボビー・トゥループだ。カリフォルニアを目指して故郷ペンシルベニア州を出発した彼は、シカゴを出た数マイルの所で“(Get Your Kicks on) Route 66”を思い付き、ルート66を運転しながら曲の半分を書き上げたという。曲名は「ルート66でドキドキワクワクしよう」の意味。歌詞は、西に向かうならこのハイウェイが一番！とルート66にいざなう内容で、シカゴからロスまでの間に通る地名が次々と挙げられる。

ナット・キング・コールとビング・クロスビーそれぞれのカヴァーが一九四六年にヒットしたのに始まり、“(Get Your Kicks on) Route 66”は、現在までに多くのアーティストにより歌われてきた。お薦めはチャック・ベリーのバージョンだ。チャックは自作の曲でもアメリカの地名がたくさん登場し、いかした車が登場するから、この曲を歌うのに最もふさわしいアーティストだと思う。また、チャックの歌ってきた数々の曲が体現するキラキラした五〇年代の雰囲気が、曲名と、戦後のルート66黄金期の雰囲気に、非常にマッチするように思うのだ。アメリカの戦後は、奇抜なデザインのアメ車やホットロッドの全盛期であり、モーテルやドライブイン・レストラン（駐車したままオーダーし、食べ物が運ばれ、車内で食べるスタイルのファーストフード・レストランで、ドライブスルーに取って代わられた）、グリーシー・スプーンと呼ばれる大衆食堂、ドライブイン・シアターなど車周辺のポップカルチャー、そしてなんといっても音楽――ロックンロールが、一番輝いていた時代なのだ！

六〇年代に人気を博したアメリカのテレビ・ドラマ『ルート66』（日本でも放映された）により、ルート66の知名度は決定的なものになった。しかし七〇年代になると、より早く移動できるインターステイト（州間高速道路）の開通によりルート66はその役目を終え、一九八四年には廃線になってしまう。ゴーストタウンになる沿線の街も出たが、ほどなくして歴史的再評価が始まり、各地で保存の動きが起こり、現在ではその八五パーセントが走行可能になっている。

古き良きアメリカの雰囲気を求め、世界中から観光客が訪れるルート66の魅力は何だろう？　インターステイトを走ってみれば、違いを実感できる。わたしはメリーランド州とワシントンD.C.に住んでいたことがあり、上はカナダから下はノースカロライナ州まで、インターステイトを使い、東海岸を移動したことが何度もある。インターステイトはとにかく早く移動できてしまうので、食事でも宿泊でも“mom-and-pop store”と呼ばれる家族で営む小さな個人経営の店を探す余裕はなく、チェーンのダイナーやモーテルの看板を見かけたら高速を降りるか、サービスエリアを使うことになる。特に都会の高速道路は上を走る道が多く、どんな街を通っているか検討もつかない場合が多い。ちょっと休憩、と高速を降りてみたら、家の窓には鉄格子、人が全く歩いておらずパトカーが潜んでいるなど、犯罪の多そうな街であることに気づき、慌てて上の道に戻るなんてこともあった。また、東海岸の高速道路は、都会から郊外を経てまた都会といった景色が続くが、対してルート66は、ゆっくりしたペースで走りながら、冒険心をくすぐる景色を楽しむことができる。大平原や砂漠にまっすぐのびる道は、誰の心にもある開拓精神――何が起こるかわからない少し不安な気持ちと、別の自分になり自由を手にできる世界がこの先に広がっているのではないかという期待――そんなものが沸き起こるのかもしれない。

バディ・ガイ“Sweet Home Chicago”
シカゴ・ブルースは、揺れる高架鉄道

ルート66の町、シカゴのサウンド・トラックとして最も有名なのが、ブルースの古い曲“Sweet Home Chicago”ではないだろうか。シカゴでブルースのライヴを観に行くと、大抵セットリストに入っていて、客はみんなこの曲を知っているので大合唱になる。様々なブルース・レジェンドにより演奏されてきたが、よく知られているのが、ロバート・ジョンソンによる三〇年代の音源だ。彼は「カリフォルニアの恋しいシカゴに帰りたくないかい？」と、混乱するような言葉で歌う。諸説あるが、カリフォルニアもシカゴも、南部の黒人にとっては憧れの地であるという説が、しっくりくる。シカゴでこの曲が演奏される時は、「カリフォルニア」の言葉を「馴染みの」に替えて歌われる。

ミシシッピ州を中心にディープ・サウスで産声をあげたブルース。黒人のブルースマンが職と自由を求めて北上し、メンフィスやセントルイスを経由してシカゴにたどり着き、シカゴ・ブルースが生まれた。シカゴ・ブルースの派手で華やかな雰囲気を代表するようなアーティストが、ロック

Buddy Guy & Junior Wells Play The Blues (Expanded) / Buddy Guy & Junior Wells (1972)

界とも深いつながりのあるバディ・ガイだ。バディの経営するブルース・クラブ、バディ・ガイズ・レジェンドは、シカゴのループ・エリアにある。シカゴのダウンタウンの中心地ループには、高架鉄道ザ・ループが、四角く走っている。ループ・エリアは、映画『ブルース・ブラザース』（一九八〇年）に見られるように、古く、汚く、いかがわしく、最高にファンキーで、ガタガタと大きい音を立てて走る高架鉄道も含めて、全てがブルースそのものだ。

バディ・ガイズ・レジェンドと、少し北西に離れたブルー・シカゴは、家から歩いて行くことができ、比較的安全な場所にあるので（それでも路地裏には絶対に入らないように注意しなければならない）週末の度に通った。バディ・ガイ、ココ・テイラー、オーティス・ラッシュ、エディ・クリアウォーターなど、シカゴ・ブルースの巨匠を間近で体験することができたが、何より店に行けばいつでもご機嫌な時間を過ごすことができ、「誰」を観に行くかよりも、「音楽」そのものを味わう楽しみがあった。

ブルースの醍醐味は、ライヴだ。ブルース・クラブには、いつも紫色の匂いが充満している。実際は匂いも色もないのだけれど、派手なライトに照らされた空気は、濃厚で色気があるとでも言えばいいか。ブルースの生音は、サウンドと名の付く表面に薄く張ったようなキラキラしたものではなく、低音に特徴がある。それは、ロックの下から突き上げるビートでもなく、ファンクの沈み込むグルーヴとも違い、小さいジョイント全体が、ぶーんぶーんと鳴って横揺れする、音というよりは重たい振動。みんなでブルース電車に乗っていて、自然と身体がガタガタ揺れる感じだ。

ブルースはロックに多大な影響を与えたが、ホワイト・ブルースやロックでは体感できないものがブルースにはある。人種の問題ではなく、育った地域の気候、目にしてきた景色や匂い、騒音または静けさ、育ったネイバーフッドのカルチャー、話してきた言葉、それにより身につく音の感覚、他者との関わり（言葉があるところ、言葉のないところ）で生まれる感覚、何を見て何をあえて見ないか、何を聴き何をあえて聴かないか。これら全てが総合してできあがるものだと思う。その証拠に、白人のサイドマンで、時折すごくうまいミュージシャンがいる。彼らは決してうまさをひけらかさないから、そういう人がいると思わずうなってしまう。

本書では、地域の風土やカルチャーが、ロックにどんな影響を与えたか、わたしの目を通して見たアメリカをみなさんと共有しながら、探っていきたい。レコード会社や評論家からの視点よりも、ミュージシャン側からの視点を中心に紹介し、それをカリフォルニアやNYからの「高い」目線ではなく、中西部や南部からの「低い」目線で描けたら、と思う。

シカゴで数多くある、お気に入りのネイバーフッドのうちの一つを紹介したい。一人高架鉄道にガタガタと揺られノース・サイドに行き、ベルモント駅で降りて周り一帯を歩き回る。一番の目的は、レコード屋だ。映画『ハイ・フィデリティ』（二〇〇〇年）のモデルになったと言われる、レックレス・レコード店のいくつかある店舗のうちの一つがあり、よく通った（映画の撮影に使われた店舗は、レコード店ではない）。日本人のバイヤーが買い付けに来ていた古着屋も何軒か見て、入れ墨屋の前で立ち止まり、（生涯入れることはないが）足首にバラ一輪の入れ墨を入れたらどんなに最高な気分だろうと妄想し、普段はめったに入らないカフェ——スカンジナビア料理が安く食べられる、老舗のアン・サザー（Ann Sather）——に入り、ビンテージ屋でアンティークのアクセサリーや雑貨を見て過ごした。

忘れられない店がある。若者向けのヒップな店が並ぶベルモントにひっそりとあった、古い、古いアジア雑貨店〝J. Toguri Mercantile Co.〟。第二次世界大戦中に日本が連合国軍向けに行なった、プロパガンダ放送のアナウンサー「東京ローズ」のうち、最も有名だったアイバ・トグリ・ダキノ（戸栗郁子）の店だ。反逆罪の罪で日本とアメリカで収監され、フォード大統領により一九七七年に特赦を受けた彼女の悲しい過去は、地元紙で読んで知っていたので、店の奥で静かに座っていた彼女に、声はかけられなかった。それから一〇年後、九〇歳で亡くなる数か月前に、退役軍人会から「アメリカを捨てなかった」として表彰され、嬉し涙を流したことを、新聞で知った。彼女は、ヴァン・ダイク・パークス八九年のアルバム『東京ローズ』や、ボズ・スキャッグスの〝Harbor Lights〟（一九七六年発売の『シルク・ディグリーズ』収録）、ジョニ・ミッチェルの〝The Tea Leaf Prophecy（Lay Down Your Arms）〟（一九八八年発売の『レインストームとチョークの痕』収録）で歌われるように、多くのミュージシャンにインスピレーションを与えた。

かつてシカゴのウェスト・サイドとサウス・サイドには、黒人の経営で客のほとんどが黒人の、ブルースが聴けるジューク・ジョイントが沢山あったが、現在は数軒しか残っていない。残念ながら、サウス・サイドのクラブには一度も行ったことがない。友人の住んでいたシカゴ大学の周りは、サウス・サイドでも比較的安全そうに見えた。オバマが大統領就任前に住んでいたのも、このエリアだ。安全ではないサウス・サイドに演劇を観に行こうとした時は、ゴーストタウンのように人がいなくて、建物の窓はみんな鉄格子で覆われていた（どこの州でも、犯罪の多い街にはこういった特徴がある）。緊張のあまり一時停止の標識を見逃し、パトカーに停められ（危ないエリアでは、大抵パトカーが路地裏に潜んでいる）、あえなく退散した。

ウェスト・サイドに友人が引っ越したので、近所の小さなライヴハウスで行われたショーン・レノン（ジョン・レノンの息子）のライヴに行った。ソロ・デビューしたばかりの子どものような彼は、「ここは危ないエリアで、家賃が安いから若い人たちが引っ越してきて、ヒップなネイバーフッドになってるんだねえ」とステージ上から語りかけ、とてもいい子だった。前座の演奏中に「みんな静かにして！　演奏を聴いてあげてよ」と袖から顔を出して客に呼びかけた時は、「ヨーコ（母親のオノ・ヨーコ）はとてもいい子に育てたんだなあ。だけど、こんなにナイーヴで大丈夫だろうか」とおせっかいながら、彼の行く末を心配した。客のほとんどは、わたしと友人のような若者で、その中に親くらいの世代のビートルズ・ファンが混じっていた。マリファナの甘い匂いがするなと思ったら、ザ・ビートルズと書かれた黒いTシャツを着た男性が、「誰だ、マリファナなんて吸っているのは！」と怒りだした。

第1章

田舎から夢見る自由な世界

ルート66＝イリノイ州スプリングフィールド

ホンキートンクで演奏するカントリーのバンド（1998年、ナッシュビルにて）

インターステイトを降りてルート66を走ると、イリノイ州の州都スプリングフィールドが、旅人を迎えてくれる。リンカーン大統領ゆかりの地でもある小さなこの街から足をのばし、「アメリカの故郷」と呼ばれる『トム・ソーヤーの冒険』の舞台、ハンニバルを訪れてみよう。アメリカ音楽史で鍵を握る「父なる川」ミシシッピ川の流れる、可愛らしい田舎町だ。小説『路上』(On the Road)を読み、旅に出た若者たちの後を追うように、歌に触発された大勢の若者が、カリフォルニアを目指した。本章では、イギリスとアメリカを転居し続けた軍人の子どもたちが結成したバンドの歌う、カリフォルニアのハイウェイを紹介。アパラチア山脈から南部のハリウッドと呼ばれるナッシュビルを目指したソングライターの卵。現在のアメリカ社会に大きな影響を与える存在となったその女性の故郷、グレート・スモーキー・マウンテンと、ナッシュビルを訪れた時の話も。

アメリカ "Ventura Highway"
転勤生活が育んだロード・ソング

イリノイ州を通るルート66は、インターステイトI－55と並走している。シカゴからセントルイスまでI－55を運転した時に見たルート66は、いかにも旧道といった風情ですぐ横を走っていた。I－55／ルート66はトウモロコシ畑が両脇に続く平らな道を走るので、運転は簡単だった。速度をキープしてくれるクルーズコントロール機能を使い、ゆったりした気持ちで景色を楽しむことができた。アメリカは国土が広大なので、どこに行っても都会を抜けるとすぐ田舎になる。中西部は平地のため遠くまで見渡せるので、長時間運転していると、ぱらぱらと建物が見えてきたかと思うと、小さな町が出現する。そんな小さい町はあっという間に通り過ぎてしまい、また何も無い田舎を長いこと運転、そして遠くに再び建物が見え始める。

スプリングフィールドはイリノイ州の州都であるにもかかわらず、そういったぱらぱらとした小さな町の一つだ。I－55を降りてルート66をのんびり走ると、アメリカ合衆国の偉大な大統領エイブラハム・リンカーンが、大統領就任まで長年住んだこの町に入る。リンカーンの家や博物館など

America / Homecoming
(1972)

の観光施設がある以外は派手なところが無く、質実剛健な町のイメージは、リンカーン大統領のイメージでもあり、そのままイリノイ州のイメージと重なる。

スプリングフィールドに行ったら足を伸ばしたいのが、『トム・ソーヤーの冒険』(一八七六年)と『ハックルベリー・フィンの冒険』(一八八五年)の舞台である、ミズーリ州ハンニバルだ。作者のマーク・トウェインが少年時代に住んでいたこの町は、時が止まったかのように綺麗に保存されている。子どものころにセントルイスから訪れたスプリングフィールドとハンニバルを、大人になってシカゴから再訪したが、どちらも全く変わっていないことに驚いた。ハンニバルのマーク・トウェインが住んでいた家は博物館になっているが(『トム・ソーヤーの冒険』に出てくる白いフェンスもある!)、置かれてある等身大の人形は、二〇年経っても全く同じだった。

ハンニバルにもやはり、メイン・ストリートと名付けられた道がある。歴史のある小さな観光地を訪れると、メイン・ストリートや郷愁を誘う店が並んだ道を歩きながら探すのは、いくつになってもアイスクリーム屋さんだ。オールドファッションなアイスクリーム・パーラーでは、ピーカンやトフィー、バター・スコッチなどの古風なフレイバーを頼む。小学生のころアメリカに住んでいた時は、旅行といえば親が連れて行ってくれるのは、美術館と博物館ばかり。今となっては感謝しているが、当時は退屈でしょうがなかった。かわいらしいハンニバルの町で、ピーカン味のアイスクリームにありつけたのは、一生忘れないほど嬉しい体験だった。アメリカ人は、アイスクリームが本当に好きだ。友人の住む老人ホームの食堂で何度か食事したことがあるが、お年寄りがみんな嬉しそうに、コーンにのったアイスクリームをぺろぺろやっていて、日本では見られない光景だなと思った。

ハンニバルのキャッチフレーズは、「アメリカの故郷」だ。マーク・トウェインの物語は、多くの人にとって懐かしい子ども時代を思い起こさせるものなのだろう。それから、町を流れるミシシッピ川。小さい田舎町を出る泥色の雄大な川を下った先には、知らない世界が広がっているように見えるのかもしれない。わたしもセントルイスで馴染んだミシシッピ川に、ハンニバルやテネシー州メンフィスで再開した時は、何ともいえない気持ちになった。支流をイリノイ州ロック・フォールズで見た時は行く方を想像し、ルイジアナ州ニューオーリンズで川の終点を見た時は、遠く来し方に思いをはせた。トム・ソーヤーやハックルベリー・フィンにとってのミシシッピ川、『怒りの葡萄』の家族にとってのルート66が象徴するもの――それは自由だ。故郷を出て自由を手に入れることを可能にしてくれるもの。様々な思いを引き受けてくれる大いなる存在。ルート66が「母なる道」と呼ばれるように、ミシシッピ川は「父なる川」と呼ばれている。

さて、アメリカ（バンド名）の"Ventura Highway"（一九七三年発売の『ホームカミング』収録）について。雪深い田舎町から自由の地カリフォルニアに行くことを願う若者と、ジョーの対話から成る曲だ。若者はジョーに言う。自由の風がたなびくカリフォルニアに行けば、名前だって変えられるんだよ、と。対してジョーは、もう俺は紫の雨に当たってしまったからだめだ、と渋る。作者のデューイ・バネルによれば、対話式だが実際は若者が自問自答するイメージで書いたそう。日の当たるヴェンチュラ・ハイウェイでは、昼は長く、夜は“moonshine”よりも強い。「月の光」と「密造酒」をかけた“moonshine”や、プリンスが曲名「パープル・レイン」を取ったのではないかと噂される言葉、ワニのようなトカゲが出てくる、幻想的な歌詞だ（トカゲはハイウェイで見た雲の形だそう）。ヴェンチュラ・ハイウェイと名の付く道は存在せず、西海岸の海岸線を走る国道一〇一号線の一部、パシフィック・コースト・ハイウェイを走行中に、ヴェンチュラ・フリーウェイの標識を目にしたことから思い付いた言葉だ（国道一〇一号線をオープンカーで走ったことがあるが、まさに歌詞の通り、自由の風が髪を通り抜ける気分だった！）。

軍人だった父親の関係で、デューイは幼いころから各地を転々とする。“Ventura Highway”の二つの舞台、パシフィック・コースト・ハイウェイも、田舎町（ネブラスカ州オマハ）も、子どものころに住んでいた場所だ。中西部の田舎町から引っ越し、一九六三年から六四年の間に住んだカリフォルニアは、サーフィン文化の絶頂期で、ビーチ・ボーイズがもたらしたカリフォルニアの理想像そのものだったそう。アメリカのデビュー・アルバムをトライデント・スタジオでレコーディング中、灰色で陰鬱なロンドンでカリフォルニアを思い出しながら書き、二作目に収録された。

デューイ・バネル、ジェリー・ベックリー、ダン・ピークの三人が、ロンドンにある軍人の子どもの通うアメリカン・スクールで出会い、まだ一〇代で結成したバンドが、アメリカだ。三人のうち二人は母親がイギリス人で、三人とも子ども時代のほとんどをイギリスで過ごしている。アメリカの真似をするイギリスのバンドと思われたくないとの思いと、基地で皿洗いのバイトをしていて

「アメリカーナ」ブランドのジュークボックスを目にしたことから、バンド名を思い付いた。一九七二年のデビュー・アルバム『America』（邦題『名前のない馬』）の広告は、「イギリス直輸入のアメリカ！」と謳われ、紛らわしかったそうだが（笑）、瞬く間にスターダムにのし上がった。

メンバー全員がソングライターであり、シンガーでもあるアメリカの曲には、抽象的で印象に残る言葉が多く含まれる。当時のドラッグ・カルチャーやヒッピー・カルチャーの背景もあるが、軍人の家庭に生まれ、引っ越し続きの「ロード生活」を送ったことから、想像力が養われたおかげなのかもしれない。デビュー・ヒットの"A Horse with No Name"（『名前のない馬』収録）も、雨ばかり降るイギリスで、カリフォルニア時代に訪れたアリゾナやニューメキシコの砂漠を思い出しデューイが書いた、旅立ちを歌った曲だ。

アメリカは美しいハーモニーが要のバンドだが、これもロード生活で培われたものだ。グリーンランドやアジア、全米各地の基地に住んでいたこともあるダン・ピークは、ハイウェイを長時間移動する間、兄弟三人で三声ハーモニーを歌っていたそう。ビートルズの"Eleanor Rigby"に対するアンサーソングでもある"Lonely People"（一九七四年発売の『ホリデイ』収録）では、孤独な人々に向けて、天国のハイウェイで走る日が来るまで耐えよう、とダンは歌う。スターとしての生活やバンド内の人間関係に疲れ、自身のドラッグの問題もあり、彼はロードを降りて信仰の道に入る。しかしほどなくして、クリスチャン・ミュージックのアーティストとして、別のロードに旅立っていった。

ママス&パパス "California Dreamin'"
暖かいカリフォルニアを夢見る若者たち

五〇年代のアメリカといえば、かっこいい車、ロックンロール、いかしたファッション、テレビの普及など、ポップカルチャーの黄金期だ。と同時に、六〇年代に顕在化する冷戦や人種差別の問題がくすぶり始めた時代でもあった。キラキラした消費文化の影で異なる価値観を追い求めたのが、ビート・ジェネレーションと呼ばれる作家や詩人たちであった。ビート・ジェネレーションの代表作の一つが、ジャック・ケルアックによる小説、『路上』（一九五七年、原題は*On the Road*）だ。若者がNYからサンフランシスコまで、見たことのない土地、会ったことのない人を求めて、ヒッチハイクしながら荒野を旅し、その後も熱に浮かれたように各地を放浪し、全知覚でアメリカを深呼吸するような物語だ。即興で矢継ぎ早に言葉が繰り出される感覚を持つ文体がジャズのようで、「聴くよう読める」せいかミュージシャンにもファンが多く、ボブ・ディランは「他のみんなと同じように、この本によって自分の人生が変わった」と言っている。『路上』を読んだ若者の多くが旅に出た。戦後の好景気により、"white picket fence"の言葉に象徴されるアメリカ人の理想の生き方——白

The Mamas and the Papas / If You Can Believe Your Eyes and Ears (1966)

い柵のある郊外の一軒家に自家用車、夫と専業主婦の妻、子どもたちが住む――から逸脱した、異なる道を歩もうとしたのが、このような若者たちであり、本書に出てくる多くのミュージシャンである。決して平坦ではないその道のりについては、おいおい触れることにしよう。

六〇年代中盤になると、今度はママス&パパスのヒット曲"California Dreamin'"(一九六六年発売の『夢のカリフォルニア』収録)を聴いた大勢の若者が、カリフォルニアに移住することになる。ママス&パパスは、男女二人ずつの混声ハーモニーが美しい、フォーク出身のヴォーカル・グループだ。活動期間はわずか数年だったにもかかわらず(だからこそか)、自分たちが世界を変えられると信じる若者の希望と明るさに満ちた、六〇年代後半という激動の時代の申し子でもあった。寒いNYで暖かいロスアンゼルスを夢見る気持ちを歌った"California Dreamin'"は、グループを結成して拠点をカリフォルニアに移す前、NY在住だったメンバーのフィリップス夫妻によって書かれた。カリフォルニア出身の妻ミシェルが、特別寒かった冬のNYで震えた経験に基づいており、歌の主人公が暖をとろうと教会に行くが、居座らせないように牧師が教会を寒くしている部分も、実体験が元になっている。

メインのソングライターであるジョン・フィリップスは、メンバーのデニー・ドハーティから「こんな曲を作れ」とビートルズのデビュー・アルバムを渡され、以降三年間はビートルズ風の曲を量産し続けたと語っている。フォークからフォーク・ロック/ポップへ転換を図るほど、ビートルズの登場がアメリカのバンドへ与えた衝撃が大きかったことを物語るエピソードだが、ママス&

パパスの紛れもないカリフォルニア・サウンドは、ビートルズよりはビーチ・ボーイズに近い。アメリカのバンドにあってビートルズに無いもの、それは気楽さだ。ママス&パパスを聴くと、気候風土が音楽に与える影響が大きいことを実感する。彼らの音楽は、気楽で心地よいカリフォルニアの風そのものだ。

ビート・ジェネレーションに影響を受けて生まれたヒッピーと呼ばれる若者は、既存の価値観に対抗するカウンター・カルチャーの時流に乗って、カリフォルニアを中心に増加。ママス&パパスは、メンバーの見た目がバラバラで、カラフルな衣装を着、ドラッグにどっぷり浸かった生活をしていることから、ヒッピーのアイコンのようなグループではある。しかし、もっとコアなヒッピーは、サンフランシスコのヘイト・アシュベリーにいた。ジョン・フィリップスは一九六七年にヒッピーの祭典モントレー・ポップ・フェスティバルを主催し、そのプロモーションのために"San Francisco (Be Sure to Wear Flowers in Your Hair)"(邦題「花のサンフランシスコ」)を書く。スコット・マッケンジーが歌ったこの曲の大ヒットにより、大勢の家出した少年少女が自由と刺激を求めて、既にヒッピーであふれかえっていたヘイト・アシュベリーに乗り込み、ホームレスのような状態でロックを楽しみ、ドラッグやフリーラヴに明け暮れた。

愛と平和の理想を生きたヒッピーの思想はユートピアを築くが、長くは続かなかった。少年少女の家出が七〇年代初めまで続く社会現象となり、ドラッグの恐ろしさが今ほど認知されていなかったため、多くの若者がドラッグ中毒になった。ママス&パパスもこの現象と呼応するように、美貌のミシェルの度重なる浮気（グループ内の四角関係にまで発展したが、背景にはフリーラヴの時代精神があった）やドラッグ、契約等の問題で崩壊していく。それから五〇年経った現在、若者は西を目指す放浪の旅をしなくなり、不動産価格の高騰によるカリフォルニアからの人口流出が続いている。

それでもママス&パパスなど当時のカリフォルニアのバンドや、ヒッピーの若者らが残した遺産は現在に受け継がれている。その遺産とは、連帯意識と音楽だ。音楽ビジネスが巨大になる前の無垢な時代であった六〇年代後半、ママス&パパスのキャス・エリオットは、音楽クラブの連なるロサンゼルスのサンセット・ストリップから車で五分、山を登ったところにあるローレル・キャニオンで、ロックの天国のような世界を育んでいた。彼女はママ・キャスのニックネームにふさわしい包容力で、ローレル・キャニオンの自宅を開放し、今はレジェンドとなっているロック・ミュージシャンたちと食べ、飲み、音楽を作った。おしゃれなファッションがやや浮いているイギリス人のエリック・クラプトンが、ジョニ・ミッチェル、ミッキー・ドレンツ、デヴィッド・クロスビーと一緒に、ママ・キャスの庭で食事する写真も残されている。ローレル・キャニオンで生まれた魅力的な音楽は、現在も若者に影響を与え続けている。

平凡な生活を捨てた若者が様々な地方から集まった時代に生まれた、そんな共同体意識は、現代のサンフランシスコに根付いている。五〇年代にビート・ジェネレーションの作家たちを支えたサンフランシスコの伝説的な書店シティライツ・ブックストアを訪れた後、ヘイト・アシュベリーにも寄ってみたことがある。一人でカフェに入りコーヒーを飲んでいると、ホームレスらしきミュージシャンが入ってきた。楽器を押し込んだ先を見ると、私物の置き場をカフェが提供しているようだった。助け合うヒッピーの共同体意識は、まだ失われていないように思えた。

ドリー・パートン "Down On Music Row" ソングライターとしてナッシュビルを目指す

ドリー・パートンの歌を聴いていると、女性としての芯の強さ、何かをつらぬくことにより生じる様々な悲哀、書き手や受け手とは別に存在する大いなるもの、そういったものを感じる。ソングテラー（曲の語り部）と自称していることからもわかるように、実体験に基づく歌詞であっても、昔の物語を読んでいるような、聴いているこちらのことを歌っているかのように思える普遍性があり、わかりやすく簡潔な言葉で、本質を突いたものが多い。本人はユーモアのセンスも抜群で、整形手術をしていること、お金を稼ぎまくっていることなども、嫌味のないギャグにしてしまう。見た目のインパクトとアメリカでの知名度は絶大で、幼いころアメリカに住んでいたわたしの娘などは、ドリーをマドンナだと思っていて、ドリーの顔は知っていてもマドンナの顔は知らなかった。

そんなドリーの自伝のようなアルバムが、『マイ・テネシー・マウンテン・ホーム』（一九七三年）だ。ジャケットに写っている掘っ立て小屋は、グレート・スモーキー山脈国立公園近くの、テネシー州セビア郡にある、彼女の幼少期の家だ。水道も電気もない小さな丸太小屋で、一二人兄弟の

Dolly Parton / My Tennessee Mountain Home (1973)

四番目として両親の愛情を受けながら育つ。アルバムの表題曲には、自然豊かで穏やかな山の暮らしが綴られている。蛍を追いかけるくだりがあるが、蛍は捕まえて瓶に入れ、電灯代わりにしたそう。ドリーの代表曲の一つ、"Coat of Many Colors"（一九七一年発売の同名アルバム収録）も自伝的作品だ。旧約聖書に出てくるヨセフの長服の話を聞かせながら、母親が端切れを使いドリーのためにコートを作る。学校に着ていくとみすぼらしいと笑われたが、愛情のこもったコートを着て、お金はなくとも大金持ちの気分だったと、歌われる。

ドリーの家はいつも母親の歌であふれていた。彼女が歌っていたのは、スコットランドやアイルランドから伝わったバラッドなどの古い曲を含む、アパラチア山脈の人々の歌だ。そんな音楽に強い影響を受けたドリーは、七歳から曲作りを始める。そして、高校を卒業した翌日、南部のハリウッドと呼ばれるカントリー・ミュージックの中心地、テネシー州ナッシュビルに、ギターを抱えて乗り込む。ナッシュビルのダウンタウンにある、レコード会社やスタジオが連なる地区、ミュージック・ロウにたどり着いた日のことを歌ったのが、『マイ・テネシー・マウンテン・ホーム』収録の"Down On Music Row"だ。レコード会社の外階段で固くなったパンを食べ、噴水で顔を洗い、自作曲を買ってもらおうと方々訪ね歩くが、誰からも相手にしてもらえない。結局、ＲＣＡが拾ってくれて（この曲は最終トラックであるため）アルバムは、ハッピー・エンドで終わる。

七〇年代と九〇年代にナッシュビルを訪れたことがある。ダウンタウンの目抜き通りブロードウェイに、ホンキートンクと呼ばれるライヴを楽しめるバーやレストランが、ひしめきあっていた。

ナッシュビルのブロードウェイ（1998年撮影）

どれも小さい店ばかりで、歴史を感じさせる店内の一角でカントリー・ミュージックを演奏していた。同じテネシー州メンフィスにも、ビール・ストリートという、やはりライヴを提供するバーが連なる通りがある。この二つの通りは、同じ州とは思えないほどカラーが異なる。白人の観光客が多いという点では一緒だが（ビール・ストリートにあるブルースの王様、B.B.キングのクラブに入ったら、白人の観光客が“Sweet Home Alabama”の演奏が始まった途端、フロアに一斉に飛び出してきて失笑した）、アパラチア山脈の流れをくむカントリー・ミュージックを抱えるナッシュビルと、ミシシッピ川の流れをくむブルースを抱くメンフィスの違いは大きい。山と川の文化と音楽の違いであり、ナッシュビルは白人が多く、メンフィスは黒人が多いといった、単純に見た目の違いもある。ミシシッピ川が流れ、黒人が多く住む「カラフル」な町という点では、むしろ他州のセントルイスの方がメンフィスに似ており、セントルイスで育ったわたしとしては、凛とした雰囲気のナッシュビルよりも、雑多な感じのするメンフィスの方が好きだ。

ソングライターとしても自作曲を歌う歌手としても才能が芽吹き始めたドリー・パートンを、スターとして世に出したのが、歌手のポーター・ワゴナーだ。自身の名を冠したカントリー・ミュージックの人気テレビ番組・巡業ショーの相方として一九六七年にドリーを抜擢し、プロデューサー兼マネージャーとしても、彼女と共にいくつもの作品を作る。当時カントリーの世界では、女性は下級市民として扱われていた。番組の添え物の「綺麗な女性歌手」としてドリーを迎え入れたポーターは、コンビを組んだ七年の間、自分の支配下での活躍のみを許し、彼女の曲の著作権を管理する会社（ドリーは叔父と共に、自身の楽曲の著作権管理会社を一九六六年に設立している。弱冠二〇歳の女性としては画期的なことだった）の権利を半分所有する。そんななか、ドリーの才能はいつしか彼のそれを凌駕し、日本ではオリビア・ニュートン＝ジョンのカヴァーで有名な〝Jolene〟（一九七四年発売の同名アルバム収録）をヒットさせるまでになる。番組で主役の彼より目立たないようにしなければならなかったドリーは、エンターテイナーとして自立すること、自分の書いたものは自分のものとして権利を守ることを願い、何度もポーターに独立を乞う。

時を同じくして、南部の音楽に過ぎなかったカントリーは、人の移動に伴い西へ東へと広がっていった。もっと大きい世界に出るために、他ジャンルとのクロスオーバーを希望したドリーは、説得を受け入れないポーターに対し、ある曲を書く。一九年後に映画『ボディガード』(一九九二年)のテーマでホイットニー・ヒューストンが歌い、空前の大ヒットとなった"I Will Always Love You"(『ジョリーン』収録)だ。去る決意、一歩一歩進むごとに彼を思い出すこと、これからも愛は変わらないことが歌われる。ポーターは「こんな美しい曲は聴いたことがない」と涙しながら、ドリーの独立を受け入れる。ポーターのオフィスを出たドリーは、泣きながら"Light Of A Clear Blue Morning"(一九七七年発売の『ニュー・ハーベスト』収録)を一気に書き上げる。長く暗い夜が終わると朝の光が差し、捕らわれた鷲が自由の身となる様子が歌われる、ロックとのクロスオーバーの素晴らしいバラードだ。愛憎入り混じる師弟関係はそれだけでは終わらなかった。その後ポーターは、ドリーにだまされた、家族さえも裏切るひどい人間だと、会う人ごとに吹聴してまわる。巡業ショーができなくなったのはドリーのせいで、曲が録音されたテープを盗まれたとまで主張し、彼女に対しプロダクションの契約を盾に訴訟を起こす。恩を忘れなかったドリーは、それでもポーターを許し、お金を払い続け、彼が経済的な苦境に陥った時には、ポーターの楽曲の権利を買い取った後に無償で譲渡している。

ソングライターとして搾取されないように声を上げたドリーの行動は、保守的なカントリーの世界では革新的であった。"I Will Always Love You"をカヴァーする代わりに著作権の何割かをよこせ、とエルヴィス・プレスリーのマネジメントに言われ、断ったこともある。プレスリー側の主張は当時としては珍しいことではなく、断ったことにより周りからさんざん言われたようだが、その後ホイットニーの大ヒットによって生まれた印税を考えれば、正しい判断だった。自作曲の権利を守るのは、控えめな彼女の出身地の文化を考えれば珍しいことであり、女性としてはありえないことだったはずだ。人にどう思われようと関係ない、神が自分に何を望んでいるか、自分が何をしたいかが大事だ、とドリーは語っている。パイオニアとして、テイラー・スウィフトなど後続の女性カントリー・アーティストのために道を作った功績は大きい。

ナッシュビルからハリウッドに進出したドリーは、映画俳優としても成功する。そして、故郷にテーマパークのドリウッドを作る（笑）。ノックスビル空港からレンタカーでグレート・スモーキー山脈国立公園へ向かう途中、ドリウッド周辺に立ち寄ったことがある。綺麗に整備された街並みにはショッピング・モールもあり、何も無かった故郷の田舎町にドリーがもたらした経済効果の大きさに驚いた。グレート・スモーキーは、アパラチア山脈の一部であるブルーリッジ山脈に属す。オールアメリカンロードであるブルーリッジ・パークウェイは、グレート・スモーキー山脈国立公園（テネシー州とノースカロライナ州にまたがる）とシェナンドー国立公園（バージニア州）を結んでいる。どちらも訪れたことがあるが、ロッキー山脈やグランド・キャニオンの壮大さと違い、一言でいえば、地味だ。標高もそれほど高くなく、日本人にとっては妙にホッとする景観が広がる。グレート・スモーキーなどは、国立公園として全米一の入場者数を誇るのに、派手さがどこにもない。ドリーのお母さんの出身地でもある、グレート・スモーキーのふもと、ノースカロライナ州のインディアン居留地チェロキーも訪れたが、ひっそりとしていた。

ノックスビル空港のレンタカー屋に残っていた車が四駆しかなく、仕方なく借りたそいつが、役に立つとは思いも寄らなかった。泊まる予定のグレート・スモーキーのログ・キャビンが、ものすごく切り立ったところに建っていたのだ。その夜はバーベキューをする予定で、「後でまた下のスーパーに行けばいいよね」と言っていたのだが、買い出しから戻る際に、再びずり落ちる泥道を四駆で駆け上がらなければいけなかった。それでもログ・キャビンには、とびっきりのご褒美が待っていた。"My Tennessee Mountain Home"でドリーも歌った、小屋の前面にせり出た庇付きのフロント・ポーチ。そこに置かれたブランコやロッキング・チェアに揺られながら、グレート・スモーキーの名にふさわしく、木々の上に広がる靄を眺める。その静けさは、例えようもなくピースフルだった。

二〇二〇年のドリーは、音楽以外のことでも、アメリカだけでなく世界中の注目を集めることとなった。新型コロナの感染が世界に広がった四月に、ドリーがアメリカの大学に研究費として寄付した一億円が、コロナのワクチンの開発に役立ったことが判明。人種差別反対運動のブラック・ライヴズ・マターが議論を呼んでいることに対しては、「黒人の命は、我々に関係あるに決まってるじゃない！　白人のケツだけが大切だと思ってるの？　NO！」と言い、喝采を浴びる。テレビのトークショー番組にリモート出演し、母親が幼いころ歌ってくれた古い民謡をアカペラで歌うと、「アメリカ人はみんなそうだと思うけど、今すごくストレスにさらされていてね。なんて美しい歌なんだ」と、涙を流しながら司会者は言った。ルーツを大切にしつつも数々の道を切り開いていった、見た目も信条もぶれないドリーの力強さが、価値観が大きく揺らいだ二〇二〇年のアメリカに残された、数少ない拠り所として機能したのかもしれない。

第2章

レコード契約をつかむまで

ルート66＝ミズーリ州セントルイス

セントルイス、デルマー・ブルバード（1997年撮影）

一九〇四年に万国博覧会が開催されたセントルイスは、古くから栄えた街だ。バドワイザーのアンハイザー・ブッシュ本社があることでも有名なこの街は、ルート66、ミシシッピ川、鉄道など交通網の発達により、中西部における西への玄関口だった。「人」と「物」の移動に伴い広まるのは、「音楽」だ。小学生の筆者が見たセントルイスの人種模様と音楽の関係を通し、なぜこの地でロックンロールが発展したのかを考えてみた。音楽産業の中心は、NYとLAにある。しかし、ロックのオリジネーターたちを多数輩出したのは、南部と中西部だ。南部を代表する詩人の歌う言葉と、誤解されがちなその南部魂の背後にあるものを紐解く。レコード契約にまつわる悲喜こもごも——アメリカ北東部の古都ボストンの地下室で、機械工学の天才が一人で作ったアルバムが爆発的に売れ、現在まで続くもめごとを引き起こすことになる。

チャック・ベリー"Johnny B. Goode"
セントルイスの人種構成が生んだロックンロール

Chuck Berry / Chuck Berry Is on Top (1959)

ルート66を通り、歴史ある古い街セントルイスに到着。西への玄関口としての象徴である巨大なアーチ状の建造物ゲートウェー・アーチが、ミシシッピ川のほとりにそびえ立つ。中西部の都市らしく華やかさには欠けるけれど、子どものころに住んでいたわたしの大好きなこの街を、読者の皆さんに紹介できるのは嬉しい。ロックンロールの誕生に大きな役割を果たした二つのレコード・レーベルの所在地、シカゴ（チェス・レコード）とメンフィス（サン・レコード）の中間に位置し、地の利に恵まれたセントルイスは、ロックンロールの創始者の一人、チャック・ベリーを生んだ。一九五五年、シカゴに遊びに行ったチャックは、憧れのマディ・ウォーターズのステージを観る。終演後に話しかけた彼に教えてもらったチェス・レコードを訪れ、音源はないか?と聞かれ、ルート66を大急ぎで走ってセントルイスに戻りデモを作成。カントリー・フレイヴァーの"Ida May"（後に"Maybellene"になった曲）が気に入られ、契約に至る。チャックが生涯暮らしたセントルイスの人種構造が、彼の音楽を形作ったのではないかと推測し、わたしの子ども時代の体験を交えながら、そのあたりのことを少し考えてみようと思う。

チャック・ベリーがギターを弾けば金がこぼれ落ちるのが見え、彼が歌うとダイヤモンドが口からぽろぽろとこぼれ落ちるのが見える。彼のプレイ、パフォーマンス、そして歌詞は、それほどまでに魅力的だ。代表曲"Johnny B. Goode"は、自伝的な部分と、豊かな想像力により生まれたフィクションの部分から成る。主人公の名はジョニー・B.グッド。ニューオーリンズ近くの田舎の生まれで、読み書きはろくにできなかったがギターがうまく、いつも線路脇の木の下で弾いていた。チャックの生まれたセントルイスは、ミシシッピ川でニューオーリンズと結ばれており、古くは鉄道の終着点で、ここで貨物をミシシッピ川に乗り換えた。職を求めて大勢のアフリカン・アメリカンが、南部から鉄道で移住してきた土地でもあるので、鉄道や南部といったモチーフは、イメージしやすかったと思う。チャックは不良学生だったが、後にティナ・ターナーも通った、黒人のための高校（教育水準の高い伝統校だ）に通い、母親は教師だったので、歌詞の「読み書きできない」もフィクションだ。母親は言う。大人になったらビッグバンドのリーダーになって、「今宵、ジョニー・B.グッド!」の看板が立つわよ、と。コンサート会場外に掲げられた演目のネオンサイン「今宵、ジョニー・B.グッド!」と、「今夜はいい子にしてね、ジョニー」を掛けた、だじゃれになっている。この、ちょっぴりワルな雰囲気を匂わせるあたりが、たまらない。当時のティーンエイジャーを虜にしたのも、自分も仲間にしてくれそうな、親しみやすい不良性が曲から感じられたからに違いない。

1970年代のセントルイス、ミシシッピ川（1978年ごろ撮影）

セントルイスは、ミシシッピ川とそれに浮かぶ汽船、それから音楽が盛んなことから、中西部でありながら南部の香りが漂う不思議な街だ。我が家はめったに外食することはなく、たまに食べてもケンタッキー・フライドチキンか、床一面にピーナッツの殻が落ちている薄暗い安レストランくらいだった。一度だけミシシッピ川に浮かぶ船上レストランで食べたことがあった。その汽船はショー・ボートになっていて、ジャズ・バンドが演奏するなか、初めて食べたカエルの脚が美味だった。小さいころからオールド・ファッションなものが好きだったこともあり、幸せな気分になった。本を読んで空想ばかりしている子どもだったので、その時は、『大草原の小さな家』のローラが、中西部の田舎から初めて都会に行った気分になっていたと思う（三人姉妹の真ん中だったことも、ローラと同じ）。ミシシッピ川の西側のダウンタウンには、小さい店がたくさんあり、子ども心にもわくわくした。川を挟んでダウンタウンの向こう側には、イリノイ州イースト・セントルイスがある。ジャズの巨人マイルス・デイヴィスが育ち、プロとして初めて出演したクラブがあるのもここだ。セントルイスのダウンタウンとイースト・セントルイスは、ロックンロールの形成において重要な役割を果たす。チャックは、イースト・セントルイスのコスモポリタン・クラブで、ピアニストのジョニー・ジョンソン（"Johnny B. Goode"は彼に捧げられたと言われている）率いるハウス・バンドの一員として、一九五二年から三年間演奏している。

白人の音楽であったカントリーを演奏に取り入れるチャックに黒人の客は驚いたが、すぐに話題となり、それにつられて白人の客が押し寄せることになる。セントルイスでもう一人、忘れてはならない人物がいる。五四年にイースト・セントルイスに引っ越して来た、アイク・ターナーだ。黒人のためのマンハッタン・クラブ（ティナ・ターナーがここでアイクに一目惚れ）を開いた彼は、ダウンタウンのクラブで白人のファンを得、イースト・セントルイスで黒人のファンを得る。白人と黒人両方のファン・ベースを作っていたチャックとアイクは、セントルイスのクラブ・シーンでしのぎを削ったのだ。このようにしてブラック・カルチャーの拠点として栄えたイースト・セントルイスであったが、六〇年代以降は急速に廃れ、現在は犯罪増加による人口流出が続いている。

チャック・ベリーの音楽を語るうえで重要な場所は、セントルイスのダウンタウンとイースト・セントルイス以外にもある。"Johnny B. Goode"の変わったスペル"goode"は、チャックの生誕地の住所"2520 Goode Avenue"（現在は別のストリート名になっている）からきている――彼が生まれたストリートのある地区、その後家を転々としながらも居住し続け、前述の高校にも通い、定期的に出演したクランク・クラブもある地区、それがザ・バイル（The Ville）だ。彼が三歳まで白人を見たことがなかったことからもわかるように、この地域に住み、働く者のほとんどは、黒人だ。公民権法で一九六四年に人種隔離が禁止されるまで、アメリカでは黒人と白人は、様々な場で同席することが禁じられていた。チャックが五〇年代に演奏していたころは、客席はロープで白人側と黒人側に仕切られており、チャック独自の両者を楽しませる音楽――リズムと言葉、パフォーマンスの絶妙な組み合わせ――が考案されたのも、そのためだ。人種隔離政策により白人と黒人の居住区が分けられた結果、ザ・バイルはミドル・クラスの黒人の居住区、及びビジネスエリアとして、五〇年代まで豊かなブラック・カルチャーを育んだ。

セントルイスは人種隔離政策の撤廃以降も黒人と白人の居住区がくっきり分かれていて、地域による格差を生んでいる。デルマー・ブルバードの通りを境界線に、北は貧しい黒人居住区、南は裕福な白人居住区になっている。二〇二〇年には差別撤廃を訴えてブラック・ライヴズ・マターのデモ行進が行われたこの通りには、一時期チャックの家があった。東の方のデルマー・ブルバード沿いはデルマー・ループと呼ばれ、小さな繁華街になっている。ここにあるブルーベリー・ヒルは、チャックが二〇一七年に亡くなるまで二〇年間、月に一度ステージに立ったクラブで、現在は彼の銅像が建っている。わたしの小学校は、デルマー・ブルバードの北側にあった。治安が悪い街だったとはいえ、七〇年代はまだ子どもが歩いて家に帰れるくらいのんびりしていたので、ライオンの銅像が乗っかった巨大な門を誇らしく眺めながら、図書館に寄り（セントルイス出身の文豪T・S・エリオットの展示をしていたのを覚えている）、ブルーベリー・ヒルのはす向かいにある銀行の前に置かれたガムボール・マシンで巨大なバブルガムを買って口いっぱいに頬張り、くちゃくちゃしながらあたりをうろつき、デルマー・ブルバードから二ブロック入ったところにある我が家まで、毎日えんえんと寄り道を楽しんだ（おかげで大人になってから再訪した際も、どこに何があるか隅々まで思い出すことができた）。デルマー・ループの南側には大学や郊外型の白人居住区もあるので、チャックが歌詞に描いたティーンエイジャーの世界は、自分の学生時代の体験に加え、そういった場所で実際に目にしたものだと思う。

チャック自身はまた、大工のお父さんの見習いでセントルイス中の家に入り、白人の聴く音楽がどんなものかを知ったと語っている。わたしはセントルイスの人々が、人種により、さらにその中でも家庭の経済事情により、それぞれに異なる音楽を聴くことを子どもの時に知り、ブラックの人々の周りにある音とリズムに魅了された。わたしの小学校は全校の半分が貧しい黒人、四分の一が貧しい白人で、残りわずかの子どもが大学関係者の白人で、親が失業していたり、片親の家庭が多かった。わたしは全校でたった二人しかいない「黄人」のうちの一人。クラスメイトは同じアジア人だからという理由だけで、もう一人の中国人の男の子とわたしを「二人はできている」とからかった。まあ、そんなに気にはならなかったけど。

小学校二年生で日本から転校してきた英語が全くしゃべれないわたしに、担任はクラスで一番大人びた白人の女の子をお世話役としてあてがった。彼女はクラスで一番権力を持つポピュラー・グループのリーダーで、仲間は不良っぽい子が多く、ませたことをたくさん教えてくれ、楽しかった。彼女らの家に泊まりに行くと、経済的に厳しいためか子どもは放任状態で、夜一一時から始まるコメディ番組『サタデー・ナイト・ライブ』を観て、流行りの音楽をたくさん聴かせてくれた。チャックの映像を見ると、彼の目にちかっと光る、頭の回転の速い、いたずらっ子の輝き、下町のチープさや、危ない地域特有のたくましさと艶っぽさ（クラスメイトは早熟だった）など、わたしの小さな不良白人たちを思いだす。あれこそがセントルイスの香りなのかもしれない。

学校では黒人と白人は、完全に分かれて遊んでいた。唯一イエローの女の子であるわたしに、黒人の子たちが声をかけることはほとんどなかったが、「髪の色が同じ黒だね」と、嬉しそうに言ってくれたのを思い出す。黒人の子たちの色んなヘアースタイル――男の子たちはアフロをヘラのようなクシでいつも整え、女の子たちは毛糸のリボンやクリップで色とりどりに髪を飾っていた――を見たり、二本、三本の大縄跳びを使った曲芸のようなダブル・ダッチで遊ぶ姿見るのは楽しく、彼らが校庭で作り出すビートにわくわくした。体育の先生は黒人の二人組で、体操をやらせる際は、DJのように「ワン　ツー　スリー　フォー、ツー　ツー　スリー　フォー、スリー　ツー　スリー　フォー……」と、シンコペーションの入った跳ねるようなリズムで、早いカウントをした。たまに体育の授業がダンスの時間になり、シングル・レコードを大量に持ち込んだ黒人の子たちが、先生と一緒に踊るのを、わたしと白人の子たちは、ただぼーっと周りで眺めていた。それは貧しい白人の子たちが聴いていた、トップ40ヒットのディスコではなく、耳にしたことのないソウル・ミュージックだった。そんな環境だったせいか、大きなお屋敷に住む白人の子の家に招かれ、彼女がディズニーのレコードを次々とかけてくれた時は、つまらない音楽だと感じてしまった。当時の自分が、お気に入りのレコードでもてなしてくれる彼女の気持ちも、ディズニー音楽も理解できなかったのは残念だが、それだけブラック・ミュージックは、魅力的だった。

荒っぽい地域だったせいか、子どもたちはしょっちゅう二手に分かれて大ゲンカしていて（英語のわからないわたしももちろん参戦し、後で英語が書けないのに反省文を書かされ苦戦）、我が家で行われた泊りがけの誕生パーティも、翌朝には物を投げあうケンカで終了。一番激しかったのは、黒人のゲットーに住む唯一の白人の女の子と、黒人の子たちの間のケンカだ。貧しさから穴だらけの洋服を着た彼らが、「白い豚」「ニガー」など、人種差別用語を連発しながらやり合う姿を見て、同じネイバーフッドの人種間の争いほど、強烈なのだと悟った。

わたしは、黒人のしゃべる英語が大好きだ。白人のしゃべる英語と、発音も言葉使いも大きく異なり、リズムがあって生き生きとしている。ゲットーの白人の女の子は、肌は白かったが黒人の言葉をしゃべり、身のこなしも黒人そのもののグルーヴ感があった。ブラック・オンリーのネイバーフッドで育った白人ミュージシャンは、案外多いのではと踏んでいる。あのリズムと言葉の感覚は、音楽をやる者にとっては強力な武器になると思うからだ。

わたしには同じアパートメントに住む黒人の友達がいた。約束を守らずレイジーな彼女に少し嫌気がさしていたこともあり、件の誕生パーティの招待状を、彼女にだけ渡さなかった。「ニグロ」の言葉を家で口にすることもあった母が、それを知ると激怒して、わたしを友達の家に引っ張って行き、謝罪させ、招待状を渡させた。また、知り合いの運転でゲットーを車で走っていた時、荒れ果てた家ばかり並ぶ中に、綺麗に手入れされ、花が咲いている家が一軒だけあった。「黒人も家を綺麗にするんだね」と何気なく言ったわたしを、知り合いはきつく叱った。子どもは無邪気に差別をするから、まわりの大人は注意をしなくてはいけない。

アメリカ滞在も後半になるころ、「あの子とは遊んではいけない」と、不良グループの友人に言われていた子と仲良くなった。後からその子の家はクリスマスにツリーを飾らないと知り、彼女がユダヤ人であることがわかった。英語も下手でイエローのわたしを所有物やペットのように思っていた友人らは、ユダヤ人の子にわたしを取られると思ったのか、校庭でいつものような大ゲンカに発展。ユダヤ人の子が「あなたたちは、この子を支配下に置きたいだけなんでしょ！」と怒鳴り、傍らで聞いていて「ずいぶん本質をついたこと言うな」と思った。

しばらくして、ボート・ピープルと呼ばれる難民の子どもたちがたくさん転校してきた。急遽ESL（外国人のための英語クラス）ができ（そこはアメリカの素晴らしいところ）、わたしとその子たちは仲良くなった。親を失い辛い思いをしながら逃れてきた彼女たちは、いつも笑顔を絶やさず明るかった。何も持たない彼女たちにおもちゃの寄付をするのが白人の子たちの間で流行り、誰がよりいい人形をあげるか競う姿を見て、わたしは「なんだかなあ」と思った。ボート・ピープルの子たちは、ほどなくして養子として全米に散らばっていった。

大人になってから何度かアメリカに住み、アメリカで子育てもしたけれど、国際色豊かなネイバーフッドに住んでも、経済的に恵まれた教育水準の高い場所では、差別は表面化しにくかった。でも、逆にそういった地域では、深い人間関係を築くことはできなかった。セントルイスの小学校での日々が、大変だと思ったことは一度もない。荒っぽい喧嘩も、喧嘩の反省文を英語が書けないのに書かされた体験も、全て楽しかった。人種による貧富の差や地域の断絶を無くしつつも、それぞれの豊かなカルチャーを損なわないやり方が、あればいいなと思う。

チャック・ベリーのドキュメンタリー映画『ヘイル！　ヘイル！　ロックンロール』（一九八七年）のボーナスＤＶＤには、ロックンロールの創始者であるチャックとリトル・リチャード、ボー・ディドリーの座談会が収録されており、偉大なるブラック・アーティストたちが、人種差別による困難を克服しながら、人種に関係なく音楽を聴いてもらうまでの苦労が語られていた。チャックが二度の服役のうち一度目で詩を覚え、それが歌詞作りに役立ったこと、二度目の服役で会計などいくつもの資格を取ったことで、音楽をはじめとするビジネスに役立ったことなども、描かれていた。二度目の刑期は人種差別が引き起こした面もあったはずだが、服役のことも「恵み」だと言うチャックが印象的だった。この映画の数年後に、彼は盗撮で再び逮捕されてしまうのだが。

レーナード・スキナード "Workin' for MCA"
南部のバンドが、長い下積みを経てつかんだ契約

サザン・ロックにおいてヴァン・ザントの名は、高貴な家の出を意味する。ま、王族みたいなもんですね。レーナード・スキナードは、フロントマンであるロニー・ヴァン・ザントが他のメンバー二人やスタッフとともに飛行機事故で亡くなった後、末の弟ジョニー・ヴァン・ザントが加入し、ヴォーカルを務めている。真ん中の弟ドニー・ヴァン・ザントは、38スペシャルのオリジナル・メンバーだ。昔、ジミー・ヴァン・ザント・バンド（ロニーの「いとこ」のバンド）をフォガットの前座で見たなと思いYouTubeを漁ったら、グレート・スモーキー山脈にある、ハーレーダビッドソンの店に併設された屋外ライヴ会場で演奏する動画が出てきた。BBQを提供するスモーク・ハウス付きの、バイカーが集まる会場らしいので、いつか行ってみたい。

サザン・ロックとは、一九六〇年代の終わりに誕生し、七〇年代に全盛期を迎えた、アメリカ南部に根ざしたロックだ。カントリーやブルースの影響が強いバンドが多いが、サウンドは意外とバラエティに富んでいる。共通して言えるのは、西のバンドに比べれば「湿り気」があり、黒っぽく、

Lynyrd Skynyrd / Second Helping (1974)

うるさいこと。特にギターが目立つバンドが多く（サザン・ロックの二大バンド、オールマン・ブラザーズ・バンドはツイン・リード、レーナード・スキナードはトリプル・ギター）、スライド・ギターを多用する、ギター・ソロが長い、などの特徴があり、ライヴで本領を発揮するバンドが多い。歌詞の世界感は、自由を求め一カ所に定着しない孤独なアウトローと、家族を大切にする働き者のクリスチャン――コインの表と裏のような人物、でもどちらもずばり「ザ・男」の心情を歌ったものが多い。だからサザン・ロックは、ロードソングの宝庫だ。西のバンドがクスリだったら、こちらは酒を常用。レーナード・スキナードの来日公演を見た時、ステージから強烈な酒の匂いがして酔いそうになった。長髪で（南部の上の世代の人々との区別で、これは重要）、カジュアルだがごっついファッション、ステージではあまり笑ったり踊ったりしない、といった見た目の特徴を持つ。

こういった「記号」や「見た目」は、長年サザン・ロック、ひいては南部の人々に対する偏見を誘発する要因にもなってきたが、実際にバンドやファンは、今でも本当にそうだったりする、特に見た目は。なぜか。これは南部に限ったことではないが、日本に比べれば、他人の目を気にしないのと（インターネットが普及した現在でも、日本のように流行りすたりが早くなく、時間が止まったような見た目の人もたくさんいる）、自分を信じている点が大きいと思う。わたしの娘がアメリカ東部の小学校に入り、まず習ったことは、己が誰かということ。目の色、肌の色、髪はカーリーなのか、など、自画像を描いて自分を認知し、それから他の子との違いを知り、結果、いろんな子どもがいることを学べるようになっていた。

自分を信じることには、弊害もある。日本では世間体を大事にする親が多いが、アメリカでは自分の信条を子に押しつける親が多い。フロリダ州マイアミで、無料の年越しコンサートを見に行った時のこと。スリー・ドッグ・ナイトのメンバーが、一人だけでヒット曲“One”を「一番さみしい数は“one”〜」と歌っていて、「うわっ、さみしいな」と思ったのだけど、あまり盛り上がっていない客の中で唯一、最前列の親子がノリノリで踊っていた。わたしはスリー・ドッグ・ナイトが大好きだけれど、「こんな古くさいもん聴いてられるか！」って親に反抗しないのかな、と勝手にその中学生くらいの娘さんの将来を案じた。しょうもない例えで申し訳ないが、要は自分の嗜好や思考を押しつける親が多いことも、反抗の文化であるロックが、アメリカで発展した要因の一つだと思っている。

フロリダ州出身のレーナード・スキナードは、全身全霊で反抗を体現したようなバンドだ。バンド名からしてそうなのだから。メンバーみんなが通っていた高校の体育の先生は、校則に厳しかった。髪が長過ぎる、とメンバーを度々罰したその先生の名前、レナード・スキナーが、バンド名の由来となった。先生が二〇一〇年に亡くなった時は、訃報がワシントン・ポスト紙にまで載ったことを覚えている。それほどアメリカでは、愛されているバンドなのだ。彼らが育ったジャクソンビルのウェスト・サイドは荒っぽい土地で、ミュージシャンにならなければ、死ぬかムショに行くしか、将来の選択肢がなかったらしい。バンドが売れてからも警察沙汰はしょっちゅうで、メンバーが顔に青あざを作っている写真や映像が、たくさん残されている。

レーナード・スキナードを世に出したプロデューサー／ミュージシャンのアル・クーパーは、南部の荒くれのようなバンドを見て、同時期に発掘したモーズ・ジョーンズが自分のビートルズ、レーナード・スキナードが自分のローリング・ストーンズになる、と思ったそう。見下されている土地の出身で、その地域性を売りにした、という意味では、レーナード・スキナードはビートルズに近いと思うけれど、ローリング・ストーンズ同様に、レコード会社は彼らの「ワル」の部分を売りにした。当時から眉をひそめられていた、南軍旗をコンサートなどの小道具（というよりそのでかさから大道具）として導入したのも、反抗の証だった。サザン・ロックが登場した六〇年代末から七〇年代初頭は、元々あった「貧しい南部」に対する差別に加え、公民権運動による「人種差別をする南部」の印象が加わり、南部のイメージが地に落ちていた時期だ。南部のプライドを表すものとして導入された南軍旗であったが、奴隷制や人種差別を容認するシンボルと見る人々が多く、次第にメンバーの心理的な負担になっていく。ロニーでさえ、旗を使うのをやめてもいいかとマネジメントに聞いたこともあったが、バンドのプロモーションの中心を担う旗を降ろすことはできなかった。バンドの象徴となった旗は、「ヘイトではなく伝承」のスローガンの下、ロニーの死後も使われ続けたが、極右と関連付けられるのを避けるため、控えめに使われるようになった。

ジャクソンビルは、ブラックフット、モーリー・ハチェット、38スペシャルなど、数多くのサザン・ロック・バンドを輩出している。オールマン・ブラザーズ・バンドも短期間だが、結成時はジャクソンビルに滞在していた。フロリダ州の中で南部らしさがあるのは、ジャクソンビルのある北部だけだと言われている。フロリダ州は真ん中と南しか行ったことがないが、オーランドはディズニー・ワールドのある、裕福な白人が老後に住む都市で、マイアミはロスをどぎつくカラフルにした感じでラテン色が強く、キーウェストは文豪ヘミングウェイゆかりの、のどかなリゾート地だった。温暖でスワンプ（湿地）がある点では共通するけれど、文化的にはそれほど南部らしさは感じられなかった。想像だが、ジャクソンビルのカルチャーは、隣のジョージア州に近いのかもしれない。

コカ・コーラ本社のある南部最大の都市、ジョージア州アトランタは、子どものころにセントルイスから訪れて、大都会なので驚いた記憶がある。レーナード・スキナードは下積み時代が長かったバンドだ。彼らが目指していたのは、西ではなくアトランタだった。南部各地をサーキットしながら、他のバンドとともに南部の頂点を目指して切磋琢磨していたころ、アトランタで演奏中にアル・クーパーに見いだされる。その時のことを歌ったのが、"Workin' for MCA"（一九七四年発売の『セカンド・ヘルピング』収録）だ。歌詞では、うだつが上がらぬ七年間、フロリダからナッシュビルまで、あらゆるクラブやホンキートンクで演奏してきたこと、ある日気取ったニューヨーク野郎がやって来て、MCAと契約しろ、カリフォルニアに連れて行ってスターにしてやる、と言われたこと、契約金がたったの九〇〇〇ドルだったことなどが、少しばかりの皮肉を込めてユーモラスに歌われる。何より、数々の有名アーティストと共演し、ブルース・プロジェクトやブラッド・スウェット・アンド・ティアーズのメンバーとしても知られる、ニューヨーカーのアル・クーパーのことも、カリフォルニアのレコード会社ＭＣＡのことも、「へ」とも思ってない雰囲気が曲から伝わってきて、死ぬほどかっこいい。しかし、マッスル・ショールズで録音した音源が、いくつものレコード会社から断られ、サザン・ロック市場を独占していたキャプリコーン・レーベルと契約してもらえない（社長の弟がマネージャーを務めていたにも関わらず）彼らにとって、九〇〇〇ドルの契約は唯一残された道だった。

プログレッシブ・ロックが流行っているから、次はシンプルなスリー・コードのロックが流行るだろうと読んで契約を持ちかけたアル・クーパーであったが、彼が驚いたのは、バンドがリハーサルを徹底的にやってからレコーディングに臨んだことだ。そんなバンドは他にいなかったと言っている。彼らはまた、地元の「ヘルハウス」――トタン屋根の灼熱地獄のような小屋だから、こう呼ばれた――で、朝から晩まで何年も練習し、曲作りをした。札付きの不良たちは、勤勉でもあったのだ。アルは他にも彼らの魅力を発見することになる。"Simple Man"（一九七三年発売の『レナード・スキナード』収録）をレコーディングしようとしたところ、「そんなつまらなくて意味のない曲はやらせない」と言ったアルを、ロニーは駐車してあった彼のベントレーに押し込み、帰宅させる。ニューヨーカーには、南部の「心」がわからなかったようだが、後にアルはこの曲が大好きになる。「シンプルな男になれ」と母から息子へのメッセージを歌った"Simple Man"は、どのバンドのどの曲よりも、わたしのソウルに近く、人生の指針にしている。ロニーは馬鹿ではない。むしろ頭がいい。普通の言葉で普通の人々の心に訴える歌詞を書く、素晴らしい詩人だ。"simple"には馬鹿の意味の「単純」という意味もあるが、この場合はそうではなく、「実直」のような意味だ。理解し愛せることだけをして、満たされなさい。金持ちのようになるな、必要なものはソウルの中にあるのだから。人に付いて行かず、自分の心に従え。天に誰かがいることを忘れないで。と歌っているから、自分の理解の及ばないことは神にゆだねなさい、ということが言いたいのだと思う。

南部はその「記号」や「見た目」により、「狂信的で無法者の保守」のレッテルを日本で貼られがちだが、サザン・ロックのバンド一つを取っても、保守と一括りにはできないことがわかる。レーナード・スキナードは、キャプリコーン・レーベルの社長や多くのサザンロック・バンドと同様に、ジミー・カーターを応援していた。ヴァン・ザント家は全員、民主党を支持していたのだ。レーガン政権以降、共和党に鞍替えしたジョニーも、今でもリベラルと保守の混ざった考えをしていると言っている。近年は共和党大会付随のイベントで演奏し、保守のイメージの強い彼らだが、過去のメンバーにも現在のメンバーにも、共和党支持者もいれば、民主党支持者もいるし、どちらでもない者もいる。"Sweet Home Alabama"（『セカンド・ヘルピング』収録）は、ニール・ヤングによる南部を批判した曲"Southern Man"と"Alabama"に対するアンサーソングだが、両者はお互いのファンだった。アラバマ州知事（人種差別主義者だった）のことで口出すな、こっちだってウォーターゲート事件のことをとやかく言わなかっただろ、と歌われているように、ロニーは、お前のことに首を突っ込まないから、こっちのことにも首を突っ込むな、ということが言いたかったのだと思う。

ボストン "Rock & Roll Band"
宅録の天才による架空のロード・ソング

Boston / Boston (1976)

車で州をまたがる移動をする時は、カーステレオでFMラジオを聴くようにしている。アメリカのラジオには六〇年代終わりから八〇年代初頭までのロックを専門に扱う、クラシック・ロックと呼ばれるジャンルがあり、現在でも根強い人気を誇っている。ちなみにビートルズやビーチ・ボーイズは、オールディーズとして別ジャンルの局でかかるので、クラシック・ロック・ステーションでは、たまにしかかからない。当然ながら「洋楽人口」は日本の比じゃないので、クラシック・ロックのファン層は分厚く、一部のマニアを除けば、日本の洋楽ファンのようにアーティストを深掘りするような聴き方はしない。流行に左右されず、何十年もお気に入りの曲を聴いている感じだ。

車で街を走り抜けると、聴いていたラジオに雑音が入り、次第に聞こえなくなる。そうするとステレオをいじって、新しく近づく街から発信される、クラシック・ロックのチャンネルを探す。ラジオなのでバンドよりも曲単位で人気曲がかかり、例えば、七〇年代に人気のあったバンドの最新曲がかかるようなことは、まずない。アメリカ中どこでも大体似たような曲がかかるが、地域により多少の差が感じられるから、そのあたりを探る楽しみもある。主要都市のクラシック・ロック・ステーションでは、残念ながら選曲はＤＪが行うのではなく、たまに行われるリクエスト大会を除けば聴取率のために、データに基づき、受信地域のリスナーの好みにあった選曲が行われるようだ。

クラシック・ロック・ステーションで、現在まで何十年にもわたり圧倒的な人気を誇っているバンドが、ボストンだ。特に彼らのファースト・アルバム『幻想飛行』（一九七六年）は、ほぼ全曲、ヘビロテされている。そのアルバムに収録された"Rock & Roll Band"は、バンドの自己紹介のような内容で、ライヴを想定して書かれたような歌詞になっている――バーで演奏しては車で寝る。食うに困るようなロード生活を続けてきたボストン出身のバンドが、ライヴで評判になる。ある日、キャデラックに乗ったお偉方がライヴに現れ、君らの曲を車のラジオで聴いたら最高だよ！とレコード契約を持ちかける――歌詞の通りラジオで愛されるバンドにはなったが、バンドの成り立ちは現実と大きく異なる。そもそも、この曲が書かれた時点でバンドは存在せず、作者はライヴなど全くやる気もなかったのだ。

作者の名はトム・ショルツ。オハイオ州出身で、工学分野においては世界最高峰の名門大学ＭＩＴ（マサチューセッツ工科大学）で機械工学の学士号と修士号を取得。在学中からファースト・アルバム収録の曲を書き始め、ポラロイド社のプロダクトデザイナーとして働きながら自宅の地下室でデモ音源を作り続け、レコード会社から断られ続ける。六年間も続いたその生活は、給料のほとんどを機材につぎ込み、12トラックのレコーダーを使い一人でせっせと多重録音するものだった。

トムはバンドをやったり、ライヴをやったこともあったので（どちらも自分に全く向いてないことがわかったから、宅録するようになった）、付き合いのあったミュージシャンに手伝ってもらうこともあった。ドラムのジム・マスデアとヴォーカルのブラッド・デルプとは、狭い地下室で一対一でしか作業したことがなかったので、ブラッドなどは、トムの用意したベーシック・トラックがたった一人で作られたものとは知らず、バンドが存在するものだと思っていたそう。ジムは“Rock & Roll Band”の歌詞にも出てくるマサチューセッツ州のハイアニスでバンド活動をしていて、演奏しているバーにレコード会社の人間が来て、自分たちを発見してくれるんじゃないかといつも言っていたそう。そんな売れないバンドの夢を曲にしたのが、“Rock & Roll Band”だ。

トムは狭い地下室で目をつぶり、何千人ものお客さんの前で演奏するロック・バンドのメンバーになった気分で、一人でバンド・サウンドを作り上げていたのだ。彼の作るサウンドは、邦題『幻想飛行』や、アルバム一曲目“More Than A Feeling”の邦題「宇宙の彼方へ」にふさわしい、まさに宇宙空間を飛び回るような壮大な世界だ。暗がりにライトが点る美しいアリーナ会場で、コンサートを観ているような、たっぷりした満足感がある。ギターに関しては、ギター・リフに特徴のあるキンクスやヤードバーズといったブリティッシュ・ロック・バンドと、クラシック音楽の影響を受けていて、ギター・ハーモニーやギターでメロディを弾くことは、トッド・ラングレンの影響だそうだ。実験的なことをやりつつも非常にメロディックなところは、たしかにトッドに近いように思える。トッドもロック界では「理系脳」を持つ一人だし、他には、ギター・オーストレーションで有名なクイーンのブライアン・メイなども、「理系脳」を持つ。以前ボストンに遊びに行った際、MITのキャンパスに立ち寄ったら、キング・クリムゾンのライヴ告知が貼り出されてあった。二〇代だった当時はプログレッシブ・ロックを聴き込んでいたから、「MITの学生さんたちとクリムゾン観たい！」と思ったが、日程が合わずかなわなかった。

やっと音源がCBS傘下のエピック・レコードの耳にとまり、バンドが音源をライヴで再現できることを条件に契約することとなった。バンドはどこにも存在しなかったので、急遽知り合いのミュージシャンが集められた。また、プロデューサーとエンジニアはトムの粗末な地下室を見て、こんな場所でロックのレコードが作れるわけがないと判断し、ロスでレコーディングし直すように要求。自分の地下室でしかその音を再現できないことがわかっていたトムは、プロデュース料を分けることを条件に、全く同じように地下室で録音し直し、レコード会社の要求に従い、"Rock & Roll Band"以外のドラムをシブ・ハシアンに差し替えた。プロデューサーはブラッドの書いた曲だけ、トムの集めた「バンド」を使ってロスで録音。『幻想飛行』は、最も成功したデビュー作の一つとして、現在までにアメリカだけで一七〇〇万枚以上を売り上げるモンスター・アルバムになっている。レコードをミックスする段階になるまでバンド名すら無かったわけだが、存在しなかったバンドを存在するかのようにレコード会社やメディアが扱ったことが、現在まで続く、もめ事の始まりとなる。

ギタリストのバリー・グドローは、ボストンの一枚目と二枚目を手伝い、ツアーにも参加している。CBSに提出し、レコード契約に至ったデモには参加しなかったが、それ以前のデモ音源には参加していた。しかし、彼がボストンのオリジナル・メンバーの肩書きで活動することをよしとしないトムとの間で、訴訟合戦だけでなく、ウィキペディアのボストンのページでバンド創設ストーリーをトムとバリー側が修正を繰り返すという、しょうもない事態に発展している（ウィキペディアの情報を鵜呑みにしてはいけないことが、よくわかる）。トムはレコード会社とも訴訟を繰り返し、トムと他のメンバーの間で板ばさみになったブラッドは、二〇〇七年に自殺してしまった。美しいファンタジーの世界を作り上げたバンドの、せつない舞台裏だ。

ボストンの主なファン層は現在、時間的にも経済的にも余裕のある年代にさしかかっている。七〇年代のビッグ・ネームがラスベガス常駐（ロードに出ずに、豪華ホテルで毎晩演奏）するようになったのはもちろんのこと、そんなファンを対象とした、本書に名前が出てくるバンドも大勢登場する、船上のロック・フェスのようなクルーズ・ツアーもある（シブ・ハシアンは、バリー・グドローとともに二〇一七年レジェンズ・オブ・ロック・クルーズに出演、船上で演奏中に亡くなっている）。七〇年代にロックを聴いていた人で、自分が四〇歳を過ぎてもロックを聴き続け、お気に入りのアーティストが六〇歳を過ぎても演奏し続けてくれる今の状態を、当時誰が想像しただろうか。子や孫の世代がレガシーを受け継ぐ時代に突入し、ロックはもはや伝統芸能になった今、オリジナル・メンバーの肩書きは重要だ。

かつては、ロックの商業化が批判された時代があった。わたしは七〇年代にアメリカでディスコやソウルが好きになり、帰国後は千葉の銚子に住んでいた、かなり年の離れた従兄の部屋にあった、ビートルズの『ラバー・ソウル』、クイーンの『ライヴ・キラーズ』、イーグルスの『ホテル・カリフォルニア』でロックにのめり込み、有楽町のスバル座で『ビートルズがやって来るヤァ！ヤァ！ヤァ！』とザ・バンドの『ラスト・ワルツ』を観て、人生が決まった。八〇年代はパンクとニュー・ウェイブが人気で、わたしの聴いていたビッグ・ネームは、工場で作られたように「顔が無く」ダサい、と評論家に馬鹿にされ、同世代で聴いている人は誰もいなかった。知る人ぞ知るバンドを聴くのが音楽通で、スタジアムを一杯にするようなバンドを聴くのは一般大衆、と線引きしているように見える人々は、ロックを「曲」として楽しむよりも、作り手のアティテュードや生き様に「らしさ」を求めているようも見えた。でも、アリーナ・ロックとくくられたバンドには、顔や心や魂が、本当に無かったんだろうか。

人間ここまで醜くなれるのかという状態を音楽業界で見てきた、とトムは言っている。彼のように、こんなにバカ売れしなければよかったと思っているアーティストは多いのかもしれない。レコード会社が金銭面で搾取し、アーティスティック・コントロールを取ろうとしても、アーティストの持つコアな部分には手をつけられないはずだし、ビジネスの規模にかかわらず作り手の情熱が無ければ、聴き手は耳を傾けないはずだ。ミリオンセラーの陰には、レコード会社の描くストーリーの他に、それぞれのバンド、それぞれのメンバーにストーリーがある。聴き手の一人一人にストーリーがあるように。

第3章

成功にまつわる三つの物語

ルート66＝ミズーリ州スプリングフィールド

テネシー州、グレート・スモーキー山脈（2009年撮影）

ルート66生誕の地、ミズーリ州スプリングフィールド。ルート66のこの区間は、チェロキー族インディアンが、一八三八年にアパラチア南部から強制的に西部に移住された際に通った、「涙の道」を土台にして作られた。オザーク高原に位置するスプリングフィールドは、五〇年代にはカントリー・ミュージックの拠点だった。ヒルビリーと呼ばれる、オザーク高原とアパラチア山脈の文化を紹介。大学都市でもあるこの田舎町と日本の意外な関係についても触れる。他には、カントリーで育った中西部の若者が、ポケットに二五ドルだけ入れてハリウッドを目指し、やがて彼の地でレコード会社に運命を翻弄されていく話。シカゴのダウンタウンで発展したブラック・ミュージックの音色が、ミシガン湖の風に乗ってシカゴ郊外の白人のネイバーフッドに吹き下ろし、ポップなロックが誕生する話も。

オザーク・マウンテン・デアデヴィルス"You Made It Right"
ハリウッドよりもオザーク高原を選んだバンド

The Ozark Mountain Daredevils / It'll Shine When It Shines (1974)

ルート66発祥の地、ミズーリ州スプリングフィールドに到着。ポーター・ワゴナーやジョニー・キャッシュも出演したカントリーのバラエティー・ショー「オザーク・ジュービリー」が、毎週全米に向けてテレビ放映されるなど、五〇年代のスプリングフィールドはカントリー・ミュージックの重要な拠点だった。スプリングフィールドのあるオザーク高原と、アパラチア山脈の文化は似ており、その二つの地域の人々、および彼らの文化は、ヒルビリーと言われることがある。ラジオのジャンルでもあった音楽としての「ヒルビリー」は、差別用語とされ現在はあまり使われていない。エルヴィス・プレスリーに代表される音楽ジャンル「ロカビリー」は、「ヒルビリー」と「ロックンロール」を合体して名付けられた。

アメリカ映画では、オザーク高原やアパラチア山脈に住む白人が、貧しい田舎者の犯罪者として、現在でも差別的に描かれ続けている。また、南部や中西部に住む貧しい白人を、教養の無い人種差別主義者=「レッドネック」「ヒルビリー」「ホワイト・トラッシュ」（どれも差別用語）とカテゴライズする論評が、アメリカだけでなく日本でも散見される。ステレオタイプ化することにより、そこに住む人全体がそうであるかのようなイメージが加わり、新たな差別を生む場合もある。そういう人たちもいるけれど、地域全体がそうであるわけがない。どこにでもいろんな人はいるのだ。このあたりの人がリスを食べるという話はよく聞く。わたしはそれを聞いてなんとも思わないが、食べるものひとつでも、自分と違うカルチャーを受け入れられない人々は、どこにでもいる。そんな人々に、オザークやアパラチアの豊かな音楽文化を知ってほしいな、と思う。

二〇二〇年公開の映画『ヒルビリー・エレジー――郷愁の哀歌』が、アメリカでベストセラーになった原作も含め、日本でも話題になっている。「ヒルビリー」の主人公が、名門イエール大学のロースクールを卒業して弁護士になり、自分の育った地の悲惨な状況を振り返るノンフィクションだ。映画では、ワシントンD.C.の弁護士事務所でのインターンシップを得るため、高級レストランで弁護士たちに囲まれた主人公が、ワインの頼み方や、ずらりと並んだナイフやフォークの使い方がわからず、ガールフレンドに電話で教えてもらう場面が出てくる。わたしも夫に伴い、ワシントンD.C.の弁護士たちのパーティによく出席した。パーティの前に慌ててシャルドネとカベルネ・ソーヴィニヨンといったワインの品種名や、カトラリーとパンとグラスの並びを覚えても、間違えて隣の人のパンに手を伸ばしてしまった経験があったので（一人が間違えると、そのテーブル全員が違う方のパン皿を使うことになる）、そのシーンを観ながら、ちくっと胸が痛んだ。

シカゴのロースクールで学ぶ弁護士の卵たちや、ワシントンD.C.の弁護士事務所で働く弁護士たちを、夫の傍らで何年も見てきた。アメリカは日本以上に学歴社会で、トップのロースクールで学位を取得することにより初めて、内輪に入れてもらえる世界がある。その内輪に属する弁護士は、一時間当たりのチャージがとても高く、彼らの家に行けば、それは郊外のお屋敷であったり、都心のマンションのペントハウスだった。ロースクール時代にずっと勉強してきた彼らは、弁護士になると今度は、早朝から夜遅くまで、ずっと働いている。法廷弁護士にでもなると、ストレスはすごそうだった。映画で主人公は、その出自から弁護士に「アメリカン・ドリームだね」と言われる。将来の選択肢のない貧しい地域に生まれついた人のことを思うと、自分で進路を決められただけ、弁護士たちは幸せなのかもしれない。それでも、幸せの価値観は人それぞれだ、と思う。

わたしの住んでいたセントルイスの学区は貧しい地域にあり、公立中学に入学した知り合いの子どもは、学校がひどく荒んでいたため、精神を病んでしまった。セントルイスから帰国後にわたしの通った千葉の公立中学も、すさまじい暴力に支配された学校だった。その時の体験は、逃げても逃げても追いかけてくる過去のように、もろく崩れる自尊心の形を借りて、今でも自分の中に影を落としている。それでもやはり、幸せの価値観は人それぞれだと思う。そんな風に考えるのは、友人一家の存在があるからだ。『ヒルビリー・エレジー』の舞台にもなった、ラストベルトと呼ばれる「取り残されたアメリカ」。そこに暮らす彼らのことは、本書の後半に記そうと思う。

スプリングフィールド出身のオザーク・マウンテン・デアデヴィルスの"Jackie Blue"（一九七四年発売の『ある人生の肖像』収録）は、クラシック・ロック・ステーションでよくかかる曲だ。長髪に長いひげのジーザスみたいな見た目で、ブルース・ハープ（ハーモニカ）やフィドル（バイオリン）まで繰り出す彼らは、自分たちのルーツに忠実な曲を書く。ニワトリの曲や、木製の攪拌機でバター作りをするロックンロール・ナンバー等のかわいらしい曲もあるし、"homemade wine" なんかは、夏の暑い日に軽めの酒でも飲みながら聴きたい曲だ。田舎をテーマに曲を書くと、自虐の田舎芝居のようになってしまう場合が多いけれど、このバンドには、色モノにはならない "class" がある。"class" には、社会的な階級や経済的な豊かさの他にも意味がある。口語で "have a class" と言ったら、「尊厳・威厳・上品さがある」の意味だ。日本には今、芸術や文学や歴史などの教養を身につければビジネスで成功できる、子どもに教養を身につけさせれば将来有望、など「教養」を謳った書籍や雑誌が溢れている。そういった出版物が本屋にずらりと並んでいるのを目にすると、教養って人より得をするためだったり、人の上に立つためにある、そんな下品なものだったけなあ、と思う。音楽や本は一人の時に幸せを感じたり、つらい時に寄り添ってくれたり、気づきを与えてくれたり、人種・肩書き・国籍・階級、そういった垣根を超えて誰かと語り合うことを可能にしてくれるもの。そんなものでもあるのに。

オザーク・マウンテン・デアデヴィルスのメンバー、マイケル〝スープ〟グランダは、ガスライト・スクエアで聴いたロックンロールの記憶とともに、一九六九年にセントルイスからルート66を通り、スプリングフィールドに越してくる。人種の入り交じった音楽カルチャーが華やかだったセントルイス黄金期の残り火を経験した彼は（ガスライト・スクエアはイースト・セントルイス同様、犯罪の増加とともに急速に廃れる)、スプリングフィールドの白人主流の文化に驚く。文化的にみてセントルイスとスプリングフィールドの関係は、メンフィスとナッシュビルに近いのかもしれない("Jackie Blue"を書いたラリー・リーは、バンドを離れてナッシュビルに移住。近年、日本のAORファンの間で人気が出た、『ロンリー・フリーウェイ』を一九八二年に出している。スプリングフィールドに住むランドル・チャウニングも、ナッシュビルに曲を提供することがあるが、彼の地の曲作りは、アポを取った時間から共作パートナーと曲作りを開始、といった事務的なスタイルだそう。興味深い)。それでも彼は、カウンター・カルチャーの香りが残るヒッピーの集うクラブや、ホンキートンクだけでなく、セントルイスのように人種や音楽テイストの入り交じった出演者と客の集うジョイントを、黒人の小さなネイバーフッドに見つけ、「ビールはどこよりも冷えていて、バーベキューはどこよりもファンキーで、音楽はどこよりも脂っこく……天国のようだった」と、自伝に記している。

オザーク・マウンテン・デアデヴィルスのファースト・アルバム『ザ・オザーク・マウンテン・デアデヴィルス』(一九七三年)は、イーグルスにならい、グリン・ジョンズ(ローリング・ストーンズ等のビッグ・ネームを手がけたイギリス人エンジニア/プロデューサー)のプロデュースで、ロンドンのオリンピック・スタジオでレコーディングされている。"Jackie Blue"が収められているセカンド・アルバムは、オザーク高原の古い農家でレコーディングされ、グリンはキャンピングカーに寝泊まりしながら、レコード・プラント所有のモービル・ユニットで作業をしている。金じゃなくて音楽に対する愛だよね、そこまでいくと。グリンは自伝に、素晴らしい音楽と素晴らしい人々に囲まれた

「ど田舎」オザーク高原での体験は、食べ物以外は最高だったと記している。

カリフォルニアに移住して"Jackie Blue"のようなポップなヒット曲を作り続けろ、とレコード会社に言われた彼らであったが、ハリウッドで『ソニー&シェール』のような番組に出て、ツアーをして、曲作りをして、スタジオに入り、疲れ切るとドラッグを渡される——このような成功したバンドの定番サイクルに追い立てられるのを嫌い、スプリングフィールドにとどまり、現在も彼の地に住むオリジナル・メンバーで活動している。

ソングライターを四人抱える、内気な若者の集合体だったバンドは、孤独を抱え肉体的に消耗するロード生活の辛さから、ドラッグや酒に溺れて死にまで至るミュージシャンや、名声により周りが見えなくなり、家族やバンドを崩壊させてしまうミュージシャンを見て、お金持ちになることよりも創作に集中することを選び、ツアーを控えめにしたとランドルは語っている。オザーク・マウンテン・デアデヴィルスの歌詞や、メンバーの発言に接して思い出すのは、ローラ・インガルス・ワイルダーの半自伝的小説『シルバー・レイクの岸辺で』（一九三九年）で、盲目になった姉のために主人公ローラが、目に見えるもの全てを言葉で描写してあげることだ。書く人は、観察する人でもある。

ヒッピーと東洋の関係がわかる、デビュー前の話を少し。アメリカでは一九七三年まで徴兵制度があったので、反戦としてのカウンター・カルチャーは、中西部の田舎町にも浸透していた。自分が戦地に送り込まれるかもしれないのだから、真剣になるはずだ。オザーク・マウンテン・デアデヴィルスは、スプリングフィールドに住む大学出のヒッピーが集まり、コミューン（共同体）のように自然発生的にできたバンドだ。ソングライティングのパートナーだったジョン・ディロンとスティーヴ・キャッシュは、それぞれのガールフレンドも一緒に、農家で共同生活を送っていた。ジョンがガールフレンドのエリザベス・アンダースン（前進バンドのメンバーでもあった）と共作した、"You Made It Right"（『ある人生の肖像』収録）は、その農家について書かれたもので、素朴だがじんわりする言葉で綴られている。夜は窓から月が見え、朝にはドア越しに光が差す。山には岩があり、空は風に吹かれて真っ青だ。遠くに行っても愛してくれる女がいて、星が帰り道を照らしてくれる。神様、なんでもちょうどよく作ってくれてありがとう、と歌われる。エリザベスは六〇年代半ばから京都に住み、同じく京都在住だったビート詩人のゲーリー・スナイダーと交流があった。高校時代の親友スティーヴが、スプリングフィールドからカリフォルニアのバークリーに移住したことを知り、一九六九年に彼を訪ねてバークリーにたどり着いた時には、ヒッピーだらけでカルチャー・ショックを受けたそう。元はミュージシャンではなく詩人だったスティーヴは、バークリーに二年半滞在した間に詩や禅を学び、エリザベス同様、ゲーリー・スナイダーとも交流をしている。彼の作詞した"Black Sky"（ファースト収録）は、俳句の影響がみられる歌詞になっている。この曲がプロデューサーのジョン・ハモンドの耳にとまり、デビューへの道が開かれた。

セントルイスでは大学の近くに住んでおり、七〇年代の終わりは学生が裸足で歩いていたり禅寺があったりと、まだヒッピーのカルチャーが残っていたから、オザーク・マウンテン・デアデヴィルス結成前後の雰囲気は、わたしにもなんとなく想像がつく。初期の彼らは地域の大学でライヴをやることも多く、スプリングフィールドのドゥルーリー大学の反戦集会でも演奏した。この地域と日本のつながりとして、身近な人の話を少しさせてほしい。ドゥルーリー大学でバイオリンを教えたこともあるジョン・ケンダルは、セントルイスの時に近所で知り合って以来、現在も家族ぐるみで仲良くしている一家のおじいちゃんだ。ケンダルおじいちゃんは、バイオリンの英才教育「鈴木メソッド」を六〇年代初めにアメリカに紹介し、広めた人。セントルイスのわたしの小学校でも鈴木メソッドを学ぶたくさんの子どもが、バイオリンを弾いてくれたのを覚えている。それだけアメリカではポピュラーで、現在でも多くの子どもが学んでいる。わたしの息子も、ケンダルおじいちゃんの孫にあたるニック・ケンダル（クロスオーバーのトリオ、タイム・フォー・スリーのメンバー）のコンサートを観てそのかっこよさにしびれ、メリーランド州でバイオリンを習った。日本に住んだこともある息子の先生は、鈴木メソッドと一緒に、古いフォークや黒人霊歌などのフィドルを教えてくれて、クラシックよりもアメリカのルーツ・ミュージックを好むわたしも、楽しくレッスンに付き添うことができた。

セントルイスに住んでいたころ、ケンダルおじいちゃんは南イリノイ大学で教えていたので、イリノイ州エドワーズビルの大自然の中にあるお宅を訪ねると、手作りの工具がたくさんあって、探検するのが楽しかった。大人になりワシントンD.C.に住んだ時は、ケンダルおじいちゃんも近くに住んでいて、ケンダルおばあちゃん手作りのごつごつした陶器がたくさん飾られた家に住んでいた。穏やかで優しい二人は、とても仲の良い夫婦だった。二〇一一年に亡くなったケンダルおじいちゃんの訃報を伝える『ニューヨーク・タイムズ』紙や『ワシントン・ポスト』紙には、瀕死の状態にあったアメリカの弦楽教育をジョン・ケンダルが救った、と記されていた。

シルバー “Musician (It's Not an Easy Life)” レコード会社に翻弄された若き才能

Silver / Silver (1976)

オザーク高原はセントルイスの南にあるので、子どものころに川や池で遊んだ記憶がある。木にくくりつけたタイヤから池に何度も飛び込んで、楽しかったことをよく覚えている。スプリングフィールドには行ったことがないのだが、そこから七〇キロ離れた場所にあるミズーリ州ブランソンは（こちらも行ったことはない）、自分がリタイアして住んだら……といつも想像する、あこがれの地だ。カントリー・ミュージックを中心としたエンターテインメントの劇場が連なる、ラスベガスからカジノを取り去って小さくしたような田舎町で、老後に移住する人も多い。わたしはライヴが好きで、子どものころからお金をためてはコンサートに行き続けている。長男を妊娠中に六本木のライヴハウスでモトリー・クルーを観た時は、オールスタンディングだったので後ろの方にいたが、前でモッシュが始まり冷や汗をかいた。子どもが生まれて子育てに忙しく、一〇年ほど音楽を聴けない時期もあったが、その間もライヴだけは欠かさなかった。これだけライヴ好きなら、老後にエンターテインメントの街に住んだらどうなるんだろうと、妄想してしまう。宝くじに当たっても実現はしないと思うが。

以前アラスカ・クルーズをした時、面白いおばあさんに出会った。彼女は大金持ちで、遺産相続についてあれこれ言ってくる子どもたちから逃げるためもあり、クルーズ船にずっと乗っているそうだ。航海が終わったらまた別の船に乗り替えて、一年中船上にいるそう。クルーはみんな彼女のことを知っていて、リスペクトのある節度を保ちつつも、家族のように接していた。運動のためか、いつもデッキを歩き回っていた彼女は、手押し車に乗せたクルーズのグッズを子どもたちにあげていて、ちょっとした有名人だった。おいしい食事やおやつが一日中食べ放題、夜は毎晩ライヴ・エンターテインメントを観る。そんな贅沢な老後もあるのだ。でも、自分のやりたいことだけをやる場所は、『ピノッキオの冒険』や『ハーメルンの笛吹き男』で子どもがおびき寄せられる欲望の地、ああいうところになってしまうのだろうか。

ブランソンは住人の九〇パーセントは白人だから、グレート・スモーキー山脈やイリノイ州の田舎に行った時のように、レストランに入ったら白人が一斉にこちらを向くような居心地の悪さを、住んだら感じるのだろうか。でも、ポーラ・ディーン（健康志向とは真逆の路線を行く南部料理のシェフ）のレストランや、故ディック・クラーク（五〇年代からテレビ番組の司会者やラジオDJとして活躍）の「アメリカン・バンドスタンド・シアター」のものまねショーもある。FENでよく「ディック・クラーク・ロックン・ロール・リメンバー」を聴いた。住んだら楽しそうだ。

シルバーの"Musician（It's Not an Easy Life）"（一九七六年発売の『シルバー・ファースト』収録）は、小学生の時にラジオで聴いて以来、大好きな曲。ストレートな曲名と、職業としてのミュージシャンの大変さを歌った歌詞が、ずっと心に残っていた。数年前にYouTubeでこの曲を聴き、コメント欄を見たら、なんとシルバーの創設者ジョン・バドーフが書き込みをしているではないか。「このバンドにいたよ。こんなバンドになりたいという、ほんのわずかな望みも、レコード会社に潰された。バンドは全員、二五歳以下だった。みんな最高の声を持っていたのに。」いったい何があったんだ、と思い、ジョンがシルバーの前にいたバドーフ&ロドニーの、"Somewhere In The Night"（一九七五年発売のシングル）のYouTubeを覗いてみたら、同じくジョンが「この曲で全てが終わった。クライヴ・デイヴィスは僕らにヒット曲を作らせようと必死だったけど、僕らのことを結局最後まで一度も理解できなかった。アリスタ版サイモン&ガーファンクルにしたかったみたいだが、僕らは全然そんなじゃなかった。めちゃくちゃだった。なんでアーメットは必要な時にいてくれなかったんだ?」と、より具体的な書き込みをしていた。クライヴだのアーメットだの、レコード業界の超大物の名前ばかり出てくるのが気になり、詳しく調べることにした。

ジョン・バドーフは、一九五二年にオハイオ州の小さな村で生まれた。父親と叔父がカントリーのミュージシャンだったこともあり、カントリー・ミュージックに囲まれて育つ。テレビの「エド・サリヴァン・ショー」に出演するビートルズを一二歳の時に観て、今までに全くない新しさを持つ彼らが、かっこよくスーツを着て、女の子にキャーキャー言われているのに憧れ、バンドをやることを決意（本書に名前が出てくるミュージシャンで、ビートルズの登場に衝撃を受けてギターを買い、バンドを始めた人は多い)。バンドでは、キンクスやローリング・ストーンズなどの、ブリティッシュ・インヴェイジョンのバンドのカヴァーを主に演奏。

一九六七年、ポケットに二五ドルを入れ、リンカーン・コンチネンタルにUホール（小さいカーゴ・トレーラー）を取り付け、友人六人とロサンゼルスに向けて出発。それまでカントリーやフォークの世界に限られていたアコースティック・サウンドを、若者が共感できるロックに昇華した、バッファロー・スプリングフィールドや、クロスビー、スティルス&ナッシュの登場に影響を受け、ブリティッシュからアコースティックへ方向転換。ロスでバンド活動をするうち、バッファロー・スプリングフィールドも手がけたアーメット・アーティガン(アトランティック・レコードの創設者)に出会い、レコード契約を持ちかけられる。金持ちのトルコ人だったアーメットは、バンドとつるむのが好きで、音楽を死ぬほど愛していたと、ジョンは語っている。しかし、成功の匂いがした途端に欲が出たメンバーの一人が、他の者をサイドマン扱いして主導権を握るようになり、バンドは空中分解する。

昼間はレストランで働き、夜は音楽活動をする日々。ハリウッドのアパートメントの家賃は、レストランのチップでまかなった。家出少女と付き合うようになり、音楽活動に専念したいと告げると、ラスベガスにある自分の親の家に住めばいいと言われ、一八歳の時にベガスへ。彼女の両親がエホバの証人の信者であったため、最初はどうなるかと思ったが、目の前で演奏した音楽を気に入ってくれ、同居を許可される。UNLV(ネバダ大学ラスベガス校)のコーヒーハウスで働きながら、合間にオリジナル曲とカヴァー曲から成るライヴを披露。当時は、シンガーソングライターが、コーヒーハウスで演奏する文化がまだ残っていた時代だ。

ジョンの演奏を観ていたマーク・ロドニー（ジャズ・トランペッター、レッド・ロドニーの息子）が、ジャムろうと声をかける。一緒に演奏すると評判になり、成功を求めて再びロサンゼルスに舞い戻る。演奏を聴いたアーメットは、二人を絶賛。彼は他のレコード会社の人間と違い、ミュージシャンを変えようとしたり、型にはめようとするのではなく、やっていることをより良くなるように導いた。ヒット曲を書くのではなく、感じていることや、書きたいことを書けと言うアーメットは、金より音楽の人だったと、ジョンは語っている。

アーメットの提案により、アラバマ州のマッスル・ショールズ・サウンド・スタジオでレコーディング。バドーフ&ロドニーのファースト・アルバム『オフ・ザ・シェルフ』（一九七一年）は、マッスル・ショールズの凄腕ミュージシャンたちとのジャム・セッションから成る良作となったが、続く二枚目、三枚目のアルバムとともに、ヒットには至らなかった。この間ずっと、ドラマーとベーシストも加えたバンド編成で、大学とクラブを回るサーキットを続けていた彼らは、ライヴ・バンドとしてファンを増やす。とりわけ人気だったのは、ライヴに挟み込まれたインストのジャム・セットだ。ここで、忙しすぎたアーメットに代わり、クライヴ・デイヴィスが登場。ジャム・バンドとしての資質を見抜けなかったクライヴは、嫌がるバリー・マニロウに"Mandy"を歌わせて大ヒットに導いた成功体験から、後にシルバー最大のヒット曲となる"Wham Bam"（原題もたいがいだが、邦題「恋のバン・シャガラン」の破壊力がすさまじい……）を、彼らに無理にレコーディングさせる。

レコード会社の意向と自分たちのやりたい音楽が合わず、方向性を見失ったバドーフ&ロドニーは、解散。バドーフ&ロドニー最後のアルバム以降のライヴからキーボーディストとして加わったブレント・ミドランド（後に最大のジャム・バンド、グレイトフル・デッドに加入）、バーニー・レドン（イーグルス）の弟であるトム・レドン、グレッグ・コリアー、ハリー・スティンソンとともに、ジョンはシルバーを結成。クライヴに“Wham Bam”をファースト・シングルにすれば、レコーディング契約してやると言われ、仕方なくマークのパートだけ録り直して発売。ジョンは今でもこの曲が嫌いだと言っている。悪い曲ではないが、古臭いディスコ風のポップ・ソングで、アルバムの中でこの曲だけ、異物感がすごい。

メンバー全員がソングライターで、腕利きのミュージシャンであり、うち四人は優秀な歌い手でもあったシルバー。アルバム『シルバー・ファースト』は、マリブ近くのスタジオで録音され、ウエストコーストの香りがする、美しいハーモニーと、爽やかなアコースティック・サウンドから成る、隠れた名盤だ。しかし、二枚目のアルバムを録音する段階になり、キキ・ディーの歌ったディスコ・ソング“I Got The Music In Me”などのバブルガム・ポップを再びやらせようとするクライヴとうまくいかず、たった一枚のアルバムを残し、一九七八年に解散してしまう。

そんな才能あふれる若者たちのストーリーを知ると、『シルバー・ファースト』A面一曲目の“Musician（It's Not an Easy Life）”が、より心に迫るものとなり、いっそうの輝きを増す。苦しい方の

「ロード」を選んでしまった自分が悪いのかもしれない。高望みしすぎたのだろうか。家賃が払えない。悲しくても笑わなくちゃいけない――ミュージシャンは決して楽な生き方でないことを、痛いほど正直に告白した歌詞だ。ブレントの書いた曲だが、五人の思いは同じだったのかもしれない。アルバム最後の曲"Goodbye, So Long"は、バンドの終焉を予感しているようで、こちらも美しくもはかない。

ブレントはバドーフ&ロドニーのベーシストとドラマーとともに、ボブ・ウィア・バンドに加入。これが後にグレイトフル・デッドへの加入につながり、ヴォーカリストとキーボーディストだけでなく、ソングライターとしてもデッドに貢献するが、一九九〇年にドラッグのオーヴァードースで亡くなってしまう。ジョンはカリフォルニアに住み、他のアーティストやTV番組に曲を提供する職業ライターとしての活動をメインに、音楽で生計を立てている。二〇〇〇年以降、インターネット・ラジオやサブスクリプションの普及により、音楽マーケットがより細分化されたテイストに対応できるようになり、バドーフ&ロドニーやシルバーの、過去の音源が再び注目を浴びるようになる。ファンの期待に応えるため、ジョンはソロや様々なプロジェクトで、ライヴ活動を積極的に行っている。

シカゴ"Introduction"
ラジオとともに歩むロック

一九六四年のテレビ出演によりビートルズの知名度が爆発的に上がった結果、アメリカではイギリス風のポップなロック・バンドが大量に結成され、バンド名をイギリス風にするだけでなく、ビートルズのしゃべる発音を真似て、偽のリバプール訛りでしゃべる者まで現れる。そんなバンドとファンの距離を近づけたのがAMラジオであり、ラジオで知った手の届く「ビートルズ」である地元バンドの音楽を、生で体験することができたのは、郊外にたくさん出現したティーン・クラブだった。一ドルや二ドルのチャージを払えば、ソフトドリンク片手にバンドの演奏で踊れるティーン・クラブは、一〇代の学生たちが安く健康的にロックを楽しむことを可能にした。

シカゴ郊外のアーリントン・ハイツにあった「中西部のキャバーン・クラブ」と呼ばれたザ・セラーは、後にブラッド・スウェット・アンド・ティアーズやシカゴも手がけるブラス・ロックの大立て者、ジェイムズ・ウィリアム・ガルシオもプロデュースした、ザ・バッキンガムズ（バッキンガム宮殿風の名前がかわいい）などの地元バンドだけでなく、ザ・フーが一九六七年、クリームが六八

Chicago / Chicago Transit Authority (1969)

年と、イギリスのスター・バンドも演奏したクラブだ。七〇年に閉店したザ・セラーは現在、自動車の修理工場になっている。日本食の大きなスーパーマーケットがあるから、アーリントン・ハイツにはたまに行ったけれど、安全だけれど何もない郊外なので、あんなところでクリームを四ドルで観ることができたとは、驚きだ。

六〇年代末になると、シングルからアルバムの時代になり、AMラジオからFMラジオの時代に突入し、DJが自分のかけたい曲をかける、フリーフォーム・スタイルの番組が登場。シングル曲やヒット曲ではないアルバム収録曲、ヒットのフォーマットに沿っていない曲、長い曲のエア・プレイが可能になる。フリーフォームのラジオのなかで、ロック専門で、大学生の聴きそうな「頭が良さそうな曲」もかけ、DJが合間に政治的な話をしたりもする、プログレッシブ・ロック・ステーション（音楽ジャンルのプログレッシブ・ロックとは異なる）が七〇年代初頭にかけて人気を博す。ちなみに、ラジオのジャンルの話をすると、プログレッシブ・ロックがより包括的なAOR（"album oriented rock"。音楽ジャンルAORの、日本における定義"adult oriented rock"とは異なる）になり、それがクラシック・ロックに進化、というよりは退化した。一九八九年ごろから各地でクラシック・ロック・ステーションが開設されたことから、七〇年代の終わりから人気がなくなっていた王道ロック・バンドが、再び脚光を浴びるようになる。

ラジオのジャンルに注目すると、アメリカ人の趣味がわかるだけでなく、音楽ジャンルによるカテゴリー分けで見失ってしまうような、時代の雰囲気や大きな流れが見えてくる。シカゴは、デビュー時にプログレッシブ・ロック・ステーションの恩恵を受け、現在は七〇年代前半の曲がクラシック・ロック・ステーションでかかり、七〇年代後半以降のピーター・セテラの歌うバラードが、アダルト・コンテンポラリー・ステーションでかかるバンドだ。一九六九年に発売された『シカゴの軌跡』は、デビュー・アルバムにして二枚組というのが、まずすごい。既存のロックのカテゴリーに収まらず、曲も長いその収録曲は、AMラジオ向けでないことは明らかだ。FMラジオ、その中でもアメリカ各地の大学のラジオ局でかかったことから、大学生の間で話題となったのは、六〇年代末の、若者が政治の話や難しい話をする、時代の空気感を象徴するような現象だ。

六〇年代終わりから七〇年代初頭は、ジャズやクラシック音楽を取り入れたり、プログレがあったりと、「頭が良さそうな曲」をやるアーティストやバンドが多かったように、後追いながら思える。わたしは中学生の時に、ブラッド・スウェット・アンド・ティアーズの三作目『ブラッド・スウェット&ティアーズ3』（一九七〇年）をすり切れるほど聴いた。初期シカゴは同じブラス・ロックなのに、中学生には難しく感じられ、八〇年代当時ヒットしていたピーター・セテラ主体の甘い路線のシカゴが苦手だったこともあり、それほど馴染めなかった。高校生になって自分がインストゥルメンタル曲を好きなことがわかり、プログレを聴くようになってから、初期シカゴの良さが少しわかるようになった。

シカゴ（バンド）は、シカゴのオズ・パークのすぐそばにある、デポール大学の音楽専攻だった大学生を中心に結成された。ピーター・セテラはティーン・クラブで演奏するバンドの一員で、テリー・キャスとウォルター・パラゼイダーは、ディック・クラークが毎年開催していた巡業ショー「ディック・クラークズ・カヴァルケード・オブ・スターズ」のバックバンド（母体はシカゴ初のブラス・ロック・バンド、ザ・モッブ）に在籍したこともあった。ちょっとここで脱線。『ヘイル！　ヘイル！　ロックンロール』のボーナスＤＶＤで、チャック・ベリー、リトル・リチャード、ボー・ディドリーが、「ディック・クラークズ・カヴァルケード・オブ・スターズ」のバスツアーで、人種隔離政策により黒人アーティストは白人アーティストと同じレストランやホテルを利用することが許されず、過酷なロード生活だったことを語っていた。その際、三人が何度もアラン・フリード（ラジオＤＪ。黒人音楽を人種に関係なく広めた、ロックンロールの功労者）のことを、親しみを込めて言及していたのに対し、ディックについてはやや冷めた感じで発言しているのが気になった。チャックは、ディックが長年司会を務めたテレビ番組「アメリカン・バンドスタンド」で、ダンサーが白人のみだったことにも触れていた。テレビ番組と巡業ショーに黒人と白人両方のアーティストを出演させ、若者の間に黒人のロックンロールを広めたディックの功績は大きい。また、バスツアー中に黒人アーティストがレストランに入店を断られると、抗議のためにディック自身や白人アーティストも入店しなかった話はよく知られている。しかし、あまり知られていない側面もあるのかもしれないと思い、少し調べてみた。

「アメリカン・バンドスタンド」は、六〇年代半ばにカリフォルニアに移るまでは、ペンシルベニア州フィラデルフィアの人種の入り交じるネイバーフッドから放映されていた。マシュー・Ｆ・

デルモント著*Nicest Kids in Town: American Bandstand, Rock 'n' Roll, and the Struggle for Civil Rights in 1950s Philadelphia*によれば、近隣のブラックのティーンエイジャーやその親たちが、再三、地元紙などを通して抗議したにもかかわらず、苦労して観覧権を得たわずかな子たちにしか番組への入場が許されず、白人の観客のみが占める、実質的な人種隔離番組だったそう。会場に入った黒人の子たちに一瞥もくれないディックには、強い嫌悪感を覚えた、という当時の少女の証言に接すると、全国放送のテレビ番組の持つ「大人の事情」があったとしても、エンターテインメント業界には、表の功績とは別の顔が存在することもあるんだな、と思った。

話をシカゴに戻す。デビュー時のバンド名はシカゴ・トランジット・オーソリティで、デビュー・アルバム『シカゴの軌跡』の原題も、"Chicago Transit Authority"だ。シカゴの街でこの名前は、略称〝CTA〟を含め、しょっちゅう目にする。バスや鉄道を運営する、シカゴ交通局の名称だからだ。高架鉄道ザ・ループも、CTAの運営。バンドは本物のシカゴ交通局から訴えられ、アルバム発売後にバンド名をシカゴに変更した。『シカゴの軌跡』一曲目の"Introduction"は、リード・ギタリストのテリーが書いて歌った曲。新人バンドがライヴで自己紹介しているような歌詞で、ちょっと緊張してるけど楽しませるぜ、と歌われているにもかかわらず、デビュー・アルバムの一曲目としては、驚異的な完成度の高さだ。俺たちは新しいことをやろうとしてる。曲のムードも変化するぜ、変わったことやってると思ってくれたら、嬉しい、と歌われるように、曲調の変化が楽しく、特に途中の長いインスト部分は最高だ。神のおかげでうまくブレンドした、と歌詞にあるように、ロック文脈でないビッグバンドを感じさせる緊張感に、ホーンのゴージャスさや（トランペットのソロは、シカゴのダウンタウンの夜を思い起こさせる極上の響き）、テリーのごりごりのロックなギターなどがうまく溶け合っている。

バンド結成までに何年も下積み期間があった、とも歌われる。前述のザ・モッブのホーム・ページに記載されたバンド・ヒストリーには、「WVON（チェス・レコード所有のラジオ局“Voice of the Negro”で、R&Bを中心とした黒人音楽をかけた）から聞こえる鮮やかなシカゴのホーン・サウンドが、ミシガン湖から吹き下ろす風に乗って、その甘いサウンドを郊外まで届けた」とある。ブルースやジャズといったシカゴの豊かな黒人音楽をルーツに、ビートルズで目覚めたロックの衝動、郊外の町に似合うポップなサウンド、大学を取り巻く政治的な緊張感、そういったいろんなものを飲み込んだシカゴの一九六九年のライヴ映像を観ていると、このバンドが六九年に存在したことが、奇跡に思えてくる。

テリーは、七八年にピストルの誤射で亡くなってしまう。有名になったことに適応できずドラッグに溺れ、武器をコレクションし、ローディの家で行われたパーティの後で、ピストルを掃除しながら「弾が出ないから大丈夫」と、銃口を頭に向けたと言われている。成功するにふさわしい実力があり、当然の成果である名声――とそれに伴って降りかかるありとあらゆるもの――を上手にさばけず、プレッシャーで潰されてしまうアーティストがいる。

第４章

ロードの苦労

ルート66＝オクラホマ州タルサ

メンフィス、ビール・ストリート（1998年撮影）

ルート66は、別名ウィル・ロジャース・ハイウェイと呼ばれる。チェロキー族出身のヴォードビル芸人・俳優のウィル・ロジャース（一八七九―一九三五）が、オクラホマからカリフォルニアに出て成功を収めたことから名付けられた。ジャズやブルース、ロックンロールの聖地に囲まれたタルサは、タルサ・サウンドを生み出し、ロスアンゼルスのみならず、イギリスのロック・シーンにも多大な影響を与える。本章では、ロックンロールの聖地の一つ、テネシー州メンフィスでグレイスランドを訪れた時の印象や、至上最強のライヴ・バンドを南部バージニア州で観た時の体験を紹介。カナダ出身者の多いバンドの辿った軌跡を、カナダのトロントに訪ね、南北戦争、ネイティブ・アメリカンの地名、カーニバルなど、昔ながらの風景が今も根付くアメリカを紹介しつつ、ヴォードビルの時代から六〇年代まで続いたチトリン・サーキットを回る、ロードの戦士たちの勇姿を伝える。

エルヴィス・プレスリー "Black Star" 死期を知らせる黒い星の言い伝え

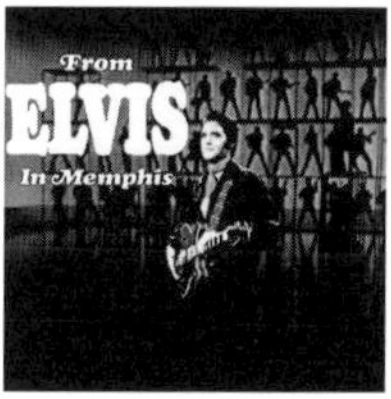

Elvis Presley / From Elvis in Memphis (1969)

だからこそ我々は、前へ前へと進み続けるのだ。流れに立ち向かうボートのように、絶え間なく過去へと押し戻されながらも。（F・スコット・フィッツジェラルド『グレート・ギャッビー』村上春樹訳、中央公論新社、三二五―三二六頁）

『グレート・ギャッビー』最後の一節は、アメリカ文学史上最高の名文と言われている。シカゴ→D.C.→府中→北京→横浜→メリーランドと、引っ越しを繰り返したわたしの一五年間は、ロード生活のようだった。いよいよ日本に腰を落ち着ける時が来て、フィッツジェラルドの墓参りに行った。家から車ですぐの所にあるので、いつでも行けると思っていたら、帰国間近になってしまった。商店やオフィスの並ぶにぎやかな幹線道路、ロックビル・パイク沿いの小さな墓地にあり、誰でも入ることができる。墓碑には冒頭の文が刻まれており、背中を押してもらった気分になった。

帰国への気持ちを前向きなものに変えるために、同じ頃よく聴いていたのが、ジェシ・エド・デイヴィスの“Farther On Down The Road（You Will Accompany Me）”（一九七二年発売の『ウルル』収録）だ。子どもたちが日本の学校に馴染めるか心配だったが、この曲を聴くと、家族四人で乗り越えられるように思えた。ザ・バンドの前身バンド、ザ・ホークスがオクラホマ州タルサで演奏した時に、ロビー・ロバートソンのギター・プレイを熱心に研究していたのが、ジェシだった。同じくザ・バンドのリヴォン・ヘルムの紹介でレオン・ラッセルと知り合った彼は、やがて七〇年代の音楽シーンの真ん中に躍り出ていく。

ルート66上の街であるオクラホマ州タルサは、石油で栄えたため、音楽クラブが沢山できる。そこから生まれたタルサ・サウンドは、地の利を生かし、ロックンロールとブルース、カントリーやジャズが融合したものと言われている。タルサ・サウンドの中心人物は、オクラホマ州出身のレオン・ラッセルやJ・J・ケイル、先述のジェシがいる。

タルサのハイスクールに通っていたレオンは、同じ高校のデヴィッド・ゲイツ（ブレッド）とバンドを組み、一四歳からタルサのクラブに出演するようになる。この高校には、同時期にエルヴィン・ビショップもいた。エルヴィンは名門シカゴ大学に進学、シカゴでポール・バターフィールドとマイク・ブルームフィールドに出会う。

ジェリー・リー・ルイスやチャック・ベリー、ロニー・ホーキンス&ザ・ホークスのバックを務めるなど地元で腕をあげたレオンは、ロスアンゼルスに移住。ロスでは、J・J・ケイルやジェシ、タルサ出身のベーシスト、カール・レイドルや、同じくタルサ出身のドラマー、ジム・ケルトナーらとともに、ここには書き切れないほどのレコード、セッション、コンサート、ツアー、映像で共演をする。ロスで成功を収めたレオンは、自身が設立したシェルター・レコードのため、一九七二年に古い教会を改装したチャーチ・スタジオをタルサに開設するなど、ロスとタルサの二カ所を拠点に活動した。

タルサは残念ながら訪れたことがない。代わりに、表題曲"Black Star"に触れつつ、エルヴィス・プレスリーの故郷でもあるアメリカ音楽の最重要地、テネシー州メンフィスを紹介したい。"Black Star"は、エルヴィス・プレスリー主演映画『燃える平原児』（原題"Flaming Star"。日本公開は一九六一年）のサントラの、お蔵入り曲だ。映画のタイトルが最初は"Black Star"だったことから録音された"Black Star"は、エルヴィス主演映画三作のサントラ、および未発表曲を集めたCD『フレイミング・スター／ワイルド・イン・ザ・カントリー／フォロー・ザット・ドリーム』が九〇年代に発売され、入手しやすくなった。

デヴィッド・ボウイ二〇一六年の遺作アルバム『★（ブラックスター）』、およびタイトル曲"Black Star"は、誕生日が同じだったこともありエルヴィスの大ファンだったボウイが、エルヴィスの曲から付けたのではないかと言われている。真相はわからないが、どちらの曲も死が濃厚に支配する、恐ろしい曲だ。

『燃える平原児』は、ミュージカル映画ではなく、白人とネイティヴ・アメリカンの間に生まれ苦悩するシリアスな役にエルヴィスが挑戦した、西部劇だ。映画にも登場する、星を見ると死ぬとされるアメリカ先住民の言い伝えが、"Black Star"の中心に据えられている。主人公が馬に乗って旅していると、背中越しに黒い星を感じ、己の死期が近づいていることを悟る。まだ生きたい、叶えていない夢がいくつもある、どうか俺を照らさないでおくれ、とブラックスターに懇願する。抑え気味のヴォーカルだが、ブラックスターを見ないように注意深く旅を続ける恐れが感じられ、曲の怖さを際立たせている。

健康が悪化しながらもロード生活を続けた末に亡くなったエルヴィス・プレスリーと、"Black Star"の主人公が重なる。わたしにとってエルヴィスの魅力は、彼の現役時代のファンのそれとは、少し異なると思う。エルヴィスを好きになった時には、彼はもう亡くなっていた。子どものころから五〇年代の曲は好きで、昔は六〇年代の一連の主演映画をテレビでよくやっていたので、沢山見ることができた。音楽だけでなく、歌や踊り、しゃべり方、動き方、エルヴィスの存在そのものがかっこいいと思っていたので、七〇年代後半の太った姿を写真で見てショックを受け、七〇年代の彼の音楽は聴けなかった(今は大好きだ。バックバンドの演奏もいい)。

エルヴィスのアメリカでの売り上げは、現在でもトップだ。全米レコード協会の発表では、二〇二一年三月現在、一位のビートルズと二位のガース・ブルックスに続き第三位。一億四六五〇万枚のレコード・セールスを記録している(四位はイーグルス)。そんな超メジャー・アーティストなのに、わたしにとっての彼は、カルトヒーローのような魅力がある。今まで自分以外にエルヴィスを好きな人が、周りに誰もいなかったということも大きいかもしれない。キング・

オブ・ロックンロールで母親思い、敬虔なクリスチャン（彼の歌うゴスペルは、心の奥にあるソウルに触れる）、といった顔以外に、得体の知れない暗さを持ち、何でも過剰なことからくる様々なエピソードや、彼の周辺に漂うギャングのような雰囲気が、そう思わせるのかもしれない。古いものがカルト的な魅力を持って、後年の世代にキッチュな魅力を放つといった点では、九〇年代のクエンティン・タランティーノの映画『パルプ・フィクション』（一九九四年）や『ジャッキー・ブラウン』（一九九七年）の感覚に近いかもしれない。

そんなカルトヒーローとしての魅力を堪能できた、彼の邸宅グレイスランドを訪れた際に買ったのは、大きな襟を立て、巨大なベルトをしたエルヴィスが、ニクソン大統領と握手をする姿を写したポストカードだ。Tシャツもマグカップも、何もいらないと思った。明るく単純に見える織物を裏返すと、暗く複雑な部分が見えるような、わたしにとってのキッチュなアメリカ像、それがあの絵はがき一枚に凝縮されているように思えた。

ミシシッピ州で生まれたエルヴィスが、ローティーンの時に引っ越して以来、終生住み続けたテネシー州メンフィスをわたしが訪れた日は、セント・パトリックス・デーだった。ビール・ストリートでは、バイカー集団も参加してお祝いのパレードをやっていた。その昔、テネシー州より南の地域からシカゴなど北の都会を目指すアフリカン・アメリカンのミュージシャンが、繁華街として栄えていたビール・ストリートで演奏することにより、ブルースなどのブラック・ミュージックが、この地で発展した。ミシシッピ川から伸びるビール・ストリートの両端に立つ「ブルースの故郷」のサインの間には、今でもブルース・ジョイントやホンキートンクなど、音楽バーがひしめき、レストランでも生演奏を聴くことができる。メンフィス名物のBBQを食べ、セント・パトリックス・デーにちなんだ緑のビールを飲み、バーホッピングをしてライヴをいくつも観た。ブルース以外の音楽もやっていたが、どのバンドも演奏レベルが異常に高く、音楽メッカとしてのすごさを実感した。B.B.キングのクラブのはす向かいには、B.B.やエルヴィスが客として通った洋服店、ランスキーがある。

南部を旅していると、BBQを毎日食べることになるので、途中からやや飽きてくる。メンフィスのBBQは、少し甘かった。アメリカのBBQは、地域によって豚か牛が中心で、ソースの味も異なり、ソース無しのこともある。わたしが好きなのは、豚肉を長時間加熱してほろほろにしたプルド・ポークのサンドイッチだ。最近は、日本でも食べられるようになり、西友で調理済みの冷凍プルド・ポークが売っているのでよく買う。バンズはなかなか売っていないので、ドイツパンの店でカイザーロールを買うが、これがよく合う。肉と一緒にコールスローを挟み、ピクルスとフレンチフライを添えて食べる。

食べ物の話ついでに、エルヴィス・サンドイッチの話を。わたしは、トーストにピーナッツバターを塗ってバナナをのせたエルヴィス・サンドを、妊娠中に食べ続けた。エルヴィスと一緒の気分になれて、嬉しかったのだ。ただ彼のサンドは、ピーナッツバターとバナナだけでなく、葡萄ジャムやかりかりベーコンも挟み、パンにバターをたっぷり塗りたくって焼くという、恐ろしく高カロリーな代物だ。

メンフィスでは、キング牧師が暗殺されたモーテルに行き、ミシシッピ川やエルヴィスの銅像の前で記念写真を撮り、エルヴィスが初のレコーディングを行い、ロックンロールの形成に大きく貢献したサン・スタジオにも行った。サン・スタジオは想像よりも小さかったが、綺麗に保存されていた。昼間の観光に疲れたら立ち寄ることをお勧めしたいのが、ビール・ストリートから少し入った所にある、センター・フォー・サザン・フォークロアだ。南部の音楽やアート、カルチャーを保存するために一九七二年に設立されたＮＰＯで、キッチュでアーシーなアートが一杯飾られた店内では、様々な資料に触れ、カフェに座ってお茶をしながらライヴを楽しむことができる。わたしが行った時は、ジャズのライヴをやっていた。

そして、待ちに待ったグレイスランドだ。ホワイトハウスの次にアメリカで来場者数の多い施設であるこの邸宅は、エルヴィスが両親のために一九五七年に購入し、彼が七七年に四二歳で亡くなるまで住み続けた。二三部屋ある邸宅のほんの一部が公開されているが、建物自体の歴史は、それほど古くない。南部のプランテーションにも似ていると思ったが、それよりも、歴代大統領トーマス・ジェファーソンの邸宅や、ジョージ・ワシントンの邸宅に似ていると思った。家自体の作りというよりは、詣でている人々が、偉大な大統領の歴史に触れるような、厳かなの雰囲気を漂わせていたからそう思ったのかもしれない。見学者の中にいたプレスリーのコスプレをした子どもなどは、もちろんそういった施設では見かけなかったが。外にあった娘の名を冠した自家用飛行機リサ・マリー号も、アメリカ大統領のエアフォース・ワンに似ていると思った。ホワイトハウスの室内を初めて見学した時は、ブルー・ルームやレッド・ルームなど原色使いで、センスの悪さにびっくりしたが、グレイスランドの室内は、ホワイトハウスに似ているとも思った。

メンフィスで泊まったのは、安ホテルだった。一階でソウルのライヴをやっていて、演奏する側も客も、アフリカン・アメリカンしかいなかった。シンガーと客が絶妙なタイミングで掛け合いをやっていて、ソウルとは、こんなにもリアルで泥臭いものだったのか！と目からウロコがぼろぼろと落ちる体験だった。死ぬ前に一度だけでいいから、もう一回あんなソウルのライヴを体験したい。ブルースやゴスペルの歴史において重要な都市であるメンフィスは、スタックス・レコードなどがあったことから、メンフィス・ソウルの発祥地でもある。久しぶりにエルヴィスがメンフィスでレコーディングした名盤中の名盤、『エルヴィス・イン・メンフィス』（一九六九年）の泥臭いソウルフルなサウンドは、メンフィスそのものなのである。

ザ・バンド　“4% Pantomime” 過酷なロード体験で吸収した、今もそこにあるアメリカ

The Band / Cahoots (1971)

ロードが僕らの学校だった……知っていることは全てロードで学んだ。もうこれ以上、ロードから得るものはないんだ。もう僕らの分け前はもらったからね。迷信を信じているのかもしれない……迷信から逃れ続けることができるか試してもいいが、偉大な才能の命を、ロードが奪ってきたのは確かだ。ハンク・ウィリアムズ、バディ・ホリー、オーティス・レディング、ジャニス、ジミ・ヘンドリックス、エルヴィス。どうやったって不可能なんだよ、こんな生き方を続けるのは。

ザ・バンド最後のコンサート（一九七六年）を記録した映画『ラスト・ワルツ』（一九七八年）の終わりに、ロビー・ロバートソン（ギター等）はこう語った。コンサートから一〇年。ロビーを除いて再結成したザ・バンドは、「死のツアー」と彼らがふざけて呼ぶ、何百マイル離れた小さな会場から会場へと移動する、ロード生活を続けていた。長年アルコールとドラッグに蝕まれ、落ちぶれ

たことを気に病んでいたリチャード・マニュエル（ヴォーカル・ピアノ等）は、公演先のフロリダのモーテルで自殺をする。部屋に駆けつける際、リヴォン・ヘルム（ヴォーカル・ドラム等）の頭をよぎったのは、彼の自伝 *This Wheel's On Fire* の冒頭に書かれていることだった。

ザ・バンドは、お互いにいつもこう約束していた——心臓発作やドラッグの過剰摂取、嫉妬に狂ったボーイフレンドとか、ツアー中のミュージシャンが亡くなるようなことで、誰かがロードで死んだら、そいつを氷詰めにして楽器と一緒にバスの底に積み込み、警察が来る前にウッドストックに連れて帰っちまおうと。

ロビー主導で行われたラスト・ワルツは、三枚組の同名アルバム（一九七八年発売）にもなった、ボブ・ディラン、マディ・ウォーターズ、ヴァン・モリソン、ニール・ヤング、エリック・クラプトン、ドクター・ジョン、ジョニ・ミッチェル、ロニー・ホーキンス、ポール・バターフィールドらが出演する、華々しいコンサートだ。映画はマーティン・スコセッシが監督し、会場となるサンフランシスコのウィンターランドは、オペラの舞台のように美しく飾られた。

映画の冒頭で会場の外が映し出されるが、このエリアは古くて危ない。ウィンターランドのすぐ側にジャパン・タウンがあり、この日本人街のミヤコ・ホテル（現在はホテル・カブキ）にザ・バンドの面々が宿泊し、ラスト・コンサートの準備を進めた。ミヤコ・ホテルの一角にある紀伊國屋書店や日本食スーパーに寄り、ウィンターランド跡地から歩いてすぐの所にあるザ・フィルモア（ウィンターランド同様、プロモーターのビル・グラハムによって有名になった会場）でライヴを観たが（誰を観たか覚えていない）、帰りはタクシーでないと危なそうだったので、ザ・フィルモアのスタッフにタクシーを呼んでもらった記憶がある。

ザ・バンドと名乗る前に、ロビー、リヴォン、リチャード、ガース・ハドソン（オルガン等マルチ奏者）、リック・ダンコ（ヴォーカル・ベース等）の五人は、一六～一八歳の若さで、ロニー・ホーキンスのバックバンド、ザ・ホークスとしてロードに放り込まれる（ガースのみ二〇代だった）。まだ一七歳だったリチャードは親に会えなくて寂しい思いをし、孤独は彼に終生つきまとうことになる。リヴォンの出身地アーカンソー州を中心とするアメリカ南部の州と、トロントを中心に、他の四人の出身地であるカナダのオンタリオ州を往復する過酷なロード生活を送り、トロントでは、いかがわしいバーで演奏する、バー・サーキットを続けた。

トロントは、アメリカの北東部の他の都市に似ている。ただし、アメリカは危ないエリアとそうでないエリアの線引きが割とはっきりされているのに対し、トロントでは、町中のみんなが通るようなストリートで注射器を持ったジャンキーが座っていて、びっくりした。泊まる予定の安ホテルに行ったら、一階がストリップ・ショーをやるようないかがわしいバーだったので、慌てて他の宿泊先を探したこともある。そんなストリート感覚も、ザ・バンドの曲からは感じられる。

ザ・バンドの音楽は、異邦人（カナダ人の四人）から見たアメリカに、生粋の南部人（リヴォン）がリアリティを与えたというのが定説だが、カナダ人は、例えばアメリカ在住のイギリス人などとは違い、異邦人とまではいかないように思える。東と西で計一二回ほどカナダとアメリカの国境越えを経験したが、いずれも入国手続きは簡単だった。シカゴからワシントンD.C.にセダン一台で引っ越す際に、ついでにトロント観光をした時は、後ろの座席は家財道具で満載、それを布で覆っていた。カナダの入国審査官が後ろをじろじろ見ていたが、何も言われなかった。カナダに車で入ると、いきなり制限速度の表示がマイルからキロになり、別の国であることを実感する以外は、地続きなので国が変わった感覚はあまりない。ヨーロッパで国境を越えるよりも気楽だ。

二〇代の頃からずっと親しくしているオンタリオ出身のカナダ人夫婦がいる。シカゴでショーン・レノンを観たり、一緒にストーンズのコンサートに行ったりと、お互いにロック・ファンで、双方に子どもが出来てからは、マンハッタン島のすぐ外の家を訪ねた。彼らは、NYやD.C.の人々よりフレンドリーであること以外は、外国人であることを忘れさせる。アメリカ人に比べればカナダの人は、少し田舎っぽく、ゆっくりしゃべるように思うが、訛りはそれほど目立たない。

カナダの西側は、ブリティッシュコロンビア州とユーコン準州に行ったことがあるが、ザ・バンドの歌詞の世界は、そこにはあまり感じられなかった。ザ・バンドの歌詞は、ヤンキー（アメリカ北東部の白人）に近いオンタリオ州の文化と、ディキシー（アメリカ南部）の文化が混ざったようなものに思える。

ザ・ホークスの辛くも楽しいロード生活は、七年以上続く。映画『ブルース・ブラザース』に、金網に覆われたステージで演奏するバンドめがけて、客がビール瓶を投げまくるシーンが出てくるが、南部では、それを地で行く、客にやられたやり返す日々だったらしい。ロニー・ホーキンスと別れて独立した後は食うにも困り、万引きは当たり前。ロビーとリヴォンで、強盗する所まで追い詰められる（未遂に終わった）。

ザ・ホークスがボブ・ディランのバックバンドになると今度は、フォークからロックに転向したディランを裏切り者と見るファンに、毎晩ブーイングを浴びせられることとなる。次の公演地に噂が伝わり、ツアーが進むごとにブーイングの声は大きくなり、後半はブーイングするのを楽しむために客が集まるような有様だったらしい。そんな中で、バンドは精神的に鍛えられていく。

音楽マニアでもあったバンドのルーツ・ミュージック嗜好の一部を形作ったのは、ラジオとロード生活だ。バンド加入前の彼らは、テネシー州ナッシュビルのAMラジオWLACと、ウェストバージニア州ホイーリングのAMラジオWWVAで、カントリーを聴いていた。WLACは、一九四六年から当初レイス・ミュージック（"race music"。現在は差別用語とされ使われていない）と呼ばれたブラック・ミュージックを夜の番組でかけるようになり（夜遅いため電波障害が少なく、遠くカナダまで届いた）、黒人だけでなく、白人のティーンエイジャーにも人気を博す。WLACは通販も行うレコード店とタイアップすることで、ロックンロールの形成に大きな役割を果たしたと言われている。ザ・バンドの面々も、夜中にWLACで聴いたブルースやゴスペルに夢中になり、通販でレコードを買った。リヴォンは、アーカンソー州ヘレナのラジオ局KFFAのブルース番組「キング・ビスケット・タイム」でサニー・ボーイ・ウィリアムスンなどを聴いていた。

ザ・ホークス加入のため南部に向かう列車の中、セントルイス到着を告げる車掌の言葉"Gateway to the West"（西への玄関口）が聞こえ、ロビー頭の中で"Saint Louis Blues"が鳴り響いたことが、彼の自伝*Testimony*に出てくる。ザ・ホークスのツアー中には、デトロイトのモータウンなど、音楽の聖地を巡礼をした。南部ツアーに向かう途中、リヴォンとロニーは、憧れのシカゴに立ち寄ることにする。シカゴに近づくとリヴォンは、カー・ラジオのダイアルを、ブラック・ミュージックをかける地元の放送局に合わせ、でかくてワルな街の雰囲気を音楽で浴びる。シカゴでは、地元の白人ブルースマン、マイク・ブルームフィールドとポール・バターフィールドの案内で、サウス・サイドでマディ・ウォーターズやオーティス・ラッシュを観る。アーカンソー州では、サニー・ボーイ・ウィリアムスンとジャムったこともある。

ロビーが南部をツアー中に、ウィリアム・フォークナーやテネシー・ウィリアムズなどの南部を描いた小説を読んだこと。ずっとツアー生活だったために映画館に行けず、彼が外国映画の脚本を読み漁ったこと。NY州ウッドストック近くのビッグ・ピンクと呼ばれる家の地下室で、ボブ・ディランと一緒に、アメリカン・ルーツ・ミュージックを深掘りしつつ、ソングライティングとレコーディングのセッションを行ったこと。これらのことは、ザ・バンドのソングライティングに大きな影響を及ぼしたのは間違いない。しかし、彼らの音楽で肝となるのは、物書きとしての「テクニック」よりも、「感情」と「体験」だ。

リチャード、リック、リヴォンの三人の名ヴォーカリストの感情表現は、物語——ザ・バンドの物語は、時代がかった田舎の物語が多い——に実態を与え、目の前に起こっているように聞こえる。南部訛りの強い老人のようなリヴォンのヴォーカルなどは、簡単に時間と空間を超えてしまう。歌手本人の存在は、聴き手と音楽の間を邪魔することなくどこかに消え、歌い手の確かな感情だけがそこに残るから、聴き手は何の気兼ねもなく自分の感情を音楽に預けることができる。

"4% Pantomime"（一九七一年発売の『カフーツ』収録）の歌詞とヴォーカルの中核を担うのは、やはり感情だ。独白であっても、物語であっても、本人以外のことを歌うことの多いザ・バンドの曲には珍しく、アーティスト本人が登場する。リチャードと、リチャードが以前住んでいたウッドストックの家に越してきた、アイルランド人シンガーのヴァン・モリソンだ。

歌詞はヴァンを中心に即興で作られた。リチャードとヴァンが実際に酒を飲みながら掛け合いで歌い、お互いを「リチャード」「ベルファスト・カーボーイ」（ヴァンはベルファスト出身）と呼ぶ歌詞の内容も、酔っ払いの戯言のように面白おかしい。歌詞で二人は、カード・ゲームをやっているのだが、ゲームがポーカーなのかも酔いでわからなくなっている。ロードのイメージとカジノのイメージがごっちゃになって出てくるが、賭け事のディーラーは恐らくマネジメントのことで、ミュージシャンはゲーム（自分たちの置かれた状況や取引）もわからないまま、ロード生活を続けなければいけない状態を歌っているように聴こえる。

お願いだからそんなに離れた公演地をブッキングしないでくれと、エージェントに懇願する、ザ・バンドが「死のツアー」と呼んでいた状態を悲観する言葉も出てくる。歌い手は自暴自棄になり、五分の一本残ったジョニー・ウォーカーを持ってグリフィス・パーク（ハリウッド・サインのあるロスの公園）に行き、酒瓶を岩に叩きつけて泣く。その横では、年老いた夫婦が暗闇で空《くう》を見つめていた。満席のライヴ会場（カジノとオーバーラップしている）では、酔いどれの二人が「この町では、どいつもこいつもルーザーだ」「ああ、そうさ（＝you bet. 賭けると掛けたダジャレ）」と言いながら、手分けしてチップをかき集める。

おかしいやら、物悲しいやら……この楽しい曲に垣間見える感情は、本物だ。「ルーザー」（負け犬とも少し違う、社会の規範から外れた者。賭け事で負ける人と掛けている）の言葉には、もちろん二人も含まれていると思うが、このやさぐれた感じこそ、ロックだと思う。どんなに成功して金持ちになっても、ルーザー精神を失ったら、もうそれはロックではない。

曲名“4% Pantomime”の四パーセントは、ジョニー・ウォーカーのブラック・ラベルとレッド・ラベルの度数の違いで、パントマイムは、ヴァンが全身で物語を表現しながら歌ったことからきているそう。レコーディングが終わってリチャードがヴァンを車で送り、二人とも酔っ払っていたために、車から降りたヴァンをリチャードが危うくひき殺しそうになった。

ザ・バンドの歌詞は、田舎芝居の一座のようなイメージが多く、言葉は押韻や響きを優先したユーモア溢れるでたらめも多い。それは、“tall tale”――カナダとアメリカに共通する、自然との結びつきが強いポール・バニヤンのような民話から、ブルースマンが話を五〇〇倍に膨らますような昔話まで――のようなもので、単純な作り話ではなく、人々が幼少期から接する大切な文化であり、もっと素晴らしいものだ。アンドリュー・ワイエスの絵のような、アメリカ北東部の自然の中の厳しさが、美しいリアリティをもって描かれている曲も多い。そしてそれは、ロードでの体験に裏打ちされたものでもある。

ロビーはネイティブ・アメリカンの血を引いている。アメリカには、ネイティヴ・アメリカンの言葉で名付けられた地名や川が多い。ツアー中にそれらの標識を見て、幼いころにインディアン居留地に住む親戚から聞いた物語がリアルに蘇ったはずだ。リヴォンに聞いたり、図書館でリサーチをして南北戦争の曲（"The Night They Drove Old Dixie Down"、一九六九年発売のアルバム『ザ・バンド』収録）を書いているが、南北戦争の跡地もアメリカには多い。南北戦争の決戦が行われたペンシルベニア州ゲティスバーグに行ったことがあるが、人気の無い原っぱに大砲が並んでいて、とても想像力をかき立てられる景色だった。古い時代のことを書く者にとって都合のいいことに、アメリカの田舎は時代による変化に乏しい。

"Life is a Carnival"（『カフーツ』収録）も、体験に裏付けされている。ロビーは子どものころ、トロントのカーニバルで二度働き、見世物小屋の管理などをして、ストリートでのサバイバル術を身につけていった。そんなことから、バンドのツアー中にカーニバルを目にすると、車を停めて見に行っていたそうだ。"Life is a Carnival" 以外にも、ガースのベンドさせたオルガンの音色や、歌い手の発音と歌詞により、カーニバルの雰囲気を漂わせた曲が多い。

モンスター・トラックのショウ（2012年、メリーランド州にて）

わたしも子どものころから大人になった現在も、カーニバルが大好きだ。カーニバルは、移動遊園地と、ロビーの働いていた、売店やゲームコーナーのあるミッドウェイから成る。カウンティ・フェアと呼ばれる農業・畜産業の祭りでは、これら二つに加え、農産物と家畜の品評会、トラクターなど農業機械の出展もある。これは、本当に楽しい。新鮮な手作りアイスクリームを舐めたり、バッファローのバーガーを頬張りながら見る、モンスター・トラックのショウは、（ハードロックとヘヴィ・メタルも好きなので）メタルのライヴのように興奮する。アメリカが農・畜産業の国であることを実感させるものだが、"Life is a Carnival" の歌詞にも出てくるミラー・ハウスや、遠心力でぐるぐる回る乗り物のある移動遊園地も含め、昔からほとんど変わらない。

「世界一小さい人間」を謳った見世物小屋に入ったら、ただの小柄な黒人のおばさんが、テレビを見ていたこともある。

最後に、ザ・バンドではないが、グリン・ジョンズがプロデュースし、イギリス人のソングライターが曲を書いた、二枚のアルバムを紹介したい。どちらも南北戦争時代の南部を描いたコンセプト・アルバムだ。一九七八年発売の『ホワイト・マンションズ』には、オザーク・マウンテン・デアデヴィルスのメンバーや、バーニー・レドン、エリック・クラプトンが参加している。続編である八〇年発売の『ザ・レジェンド・オブ・ジェシー・ジェイムズ』では、ジェシー・ジェイムズ役でザ・バンドのリヴォンが歌い、ジョニー・キャッシュ、チャーリー・ダニエルズ、エミルー・ハリスも参加している。微妙なカントリー・フレイバーも楽しいこの二枚と比べると、ザ・バンドの音楽が、いかに感情とロードの体験によって、リアルな実体を与えられたものであったかがわかる。決して、よそ者による作り事ではないのだ。

オールマン・ブラザーズ・バンド "Melissa"
クロスロードから解放される日はいつ？

四〇年近くにわたり数え切れないほどのライヴを観てきたが、二位以下を大きく引き離し、わたしの中でダントツの一位に輝くのは、一九九八年九月一八日にバージニア州のニッサン・パビリオン（ワシントンD.C.から車で一時間弱の所にある、郊外型のコンサート会場。現在の名称はジフィー・ループ・ライブ）で行われた、オールマン・ブラザーズ・バンド（以下、オールマン）のライヴだ。

二か月間全米をまわった夏のツアーの、最終日の前日。この時期のバージニアはまだ暖かく、日が暮れるのも遅いので、一九時の開演時間を過ぎても空は明るかった。ニッサン・パビリオンは屋外型の会場で、屋根のある円形劇場をぐるっと芝生が囲む。芝生は座席指定が無いので、みんなピクニックをしつつ、夏の終わりの夕刻を楽しんでいた。

リラックスした雰囲気で開幕。芝生に座って前方を見ると、明らかにデッドヘッズ（グレイトフル・デッドのツアーを追いながら生活する熱心なファン）と思われる若くて綺麗な女の子たちが、くるくると音楽に合わせて踊り始めた。後から知ったのだが、九五年にジェリー・ガルシアが亡くなった

The Allman Brothers Band / Eat a Peach (1972)

後、行き場を失ったデッドヘッズたちが、他のジャム・バンドのライヴに集うようになり、オールマンのライヴを追うようになったとのことだった。

音楽のタイプは異なるが、バンド編成と長いジャムをやるところが似ているグレイトフル・デッドとオールマン。一九六六年にビートルズが公演を行ったD.C.のRFKスタジアムで、七三年にこの二バンドは二日間のジョイント・コンサートを行っている。東海岸の北から南から、何時間もかけてD.C.に集まった八万人のファンは、前夜からRFKの駐車場で寝泊まりし、熱狂的な宴を繰り広げる。オールマンの"Mountain Jam"（一九七二年発売の『イート・ア・ピーチ』収録）の演奏には、ロニー・モントローズとグレイトフル・デッドのボブ・ウィアも参加して、ジャム・セッションを繰り広げた。楽屋裏もカオスに満ち、グレイトフル・デッドがLSD布教活動をしていることを知っていたオールマンのメンバーは、自分たちのビールに薬物を混入されないように気をつけたが、クスリを盛られたオールマンのローディたちが、短髪でスーツを着たレコード会社の人間を殴るなど、大変なことになったそう。

メジャーリーグサッカーのD.C.ユナイテッドの試合をRFKスタジアムで観たことがある。アメリカ合衆国議会議事堂からそれほど遠くない所にあり、近くには地下鉄の駅もあり、要するに、都会の真ん中にある。八〇年代以降も毎年、RFKスタジアムでコンサートをやっていたグレイトフル・デッドだが、デッドヘッズ現象が強まった九〇年代になると、近隣からの苦情が増える。それが原因で、ニッサン・パビリオンが建設された。

一九九八年のオールマンのコンサートに話を戻す。ラインアップは、七一年にオートバイの事故で亡くなったギターのデュアン・オールマンと、七二年に同様の事故で亡くなったベースのベリー・オークリーを除くオリジナル・メンバー、グレッグ・オールマン（ヴォーカル、鍵盤、ギター）、ディッキー・ベッツ（ギター）、ジェイモー（ドラム）、ブッチ・トラックス（ドラム）に加え、ジャック・ピアソン（ギター）、オテイル・バーブリッジ（ベース）、マーク・キニョーネス（パーカッション）だった。

ネットで当日のセットリストを見てみると、アンコールも含め一七曲やっているが、ジャム・セッションが続くので、コンサート自体は長かった記憶がある。しかし、視覚的な物語が音で次々と展開していくので、飽きない。このあたりは、初期のサイケデリックがかったヒッピーの趣が、キノコのロゴマークを含めて継承されている。

ツイン・リードギターでツイン・ドラムだが、ばたばたと走ることなく、まとまった音像としてじわじわ迫って来た。一流のテクニックに基づくサウンドだが、プログレのようにシンフォニックに盛り上がるのではなく、引きと「ため」と押さえと遊びもあり、複雑で変則的なサウンドに酔ってトリップできる。ヴォーカルは楽器の一部で、メインではない。ギターはリフで牽引するよりも、一定の緊張感を持ったアンサンブルが中心で、過剰なハーモニーに走ることもなかった。

根底にあるのがブルースだから、ゆったりした横揺れだが、ブルースよりビートが細かく、グルーヴというよりフィーリングがある。いとも簡単に（そう見える）すごいことをやっているところが、シカゴで観たトップのブルースマンたちと同じだった。音楽とはこういうものだったのか！と覚醒する思いだった。本を何百冊と読んでもわからないことが、一回のライヴでわかってしまったような、不思議な体験だった。

曲名だけでぐっとくる"Southbound"（「南行き」の意味）や「ハイウェイ41（フロリダのハイウェイ）を走るグレイハウンド・バスの後部座席で生まれた」と歌われる"Ramblin' Man"など、オールマンにはロード・ソングが多い（両方ともディッキーが作った曲で、一九七三年発売の『ブラザーズ&シスターズ』収録）。わたしが観たライヴでも、"Midnight Rider"（一九七〇年発売の『アイドルワイルド・サウス』収録）、"Seven Turns"（一九九〇年発売の『セヴン・ターンズ』収録）、"No One To Run With"（一九九四年発売の『ホエア・イット・オール・ビギンズ』収録）のロード・ソングを演奏し、本書のプロローグで触れた、オーキーが歌っていた古いロード・ソング"Going Down The Road Feelin' Bad"もアコースティック・セットでやった。同じくアコースティックで演奏された"Melissa"（『イート・ア・ピーチ』収録）は、ロードで生まれた曲なので、書かれた背景を詳しくみてみよう。

テネシー州ナッシュビルで生まれたデュアン・オールマンとグレッグ・オールマン兄弟は、フロリダ州デイトナビーチに引っ越した後、オールマン・ジョイズを結成。初めてのロードは一九六五年、一九歳と一八歳の時だった。シボレーのステーション・ワゴンにトレーラーを付けて出発。南部をまわった後で、セントルイスのガスライト・スクエアとナッシュビルを往復するようになる。彼らが行っていた、ステージが金網で覆われたクラブや、ロードハウス（町外れのハイウェイ沿いの、宿とレストランやバー、ギャンブル場などを備えた施設）をまわるツアーは、六〇年代までチトリン・サーキットと呼ばれたものだ。

チトリン・サーキットとは、南部・中西部・東部のブラック・ネイバーフッドにある、黒人向けのジューク・ジョイントをドサ回りする、黒人のミュージシャンによるツアーの昔からある俗称（豚の内臓から作られるソウルフード、チタリングから付けられた）。人種隔離政策により、白人向けの劇場に黒人が出演できなかったことから生まれたものだが、チトリン・サーキットは、ロックンロールの形成に多大な貢献をした。チトリン・サーキットに含まれるクラブやシアター、およびそれらのあるストリートや都市は、本書にも数多く登場する。

一九世紀から存在したチトリン・サーキットは、古くはヴォードヴィルの芸人がまわり、後にデルタ地帯から北上するブルースマンや、ロックンロールのパイオニアであるリトル・リチャードらもまわったルートだ。白人ロック・バンドとしては、ザ・バンドの前身バンド、ザ・ホークスもチトリン・サーキットを長年行っていた。名著とされる*Mystery Train: Images of America in Rock 'n' Roll Music*（一九七五年）の著者グリル・マーカスは、ザ・バンドの音楽を「よそ者のブルース」と呼んだが、UCバークレー卒のカリフォルニアンである音楽評論家のグリルから見て「よそ者」なだけで、ブルース、ロックンロール、ゴスペル、ジャズ、アパラチアのマウンテン・ミュージックの聖地をまわるチトリン・サーキットで、それらの音楽を全身で浴びたザ・バンドは、"home grown boys"（ホームで育った野郎ども）だ。

アメリカにはラブホテルは存在しないが、情事やその他の怪しい取引が行われる、貧しい地区にあるノーテル・モーテル（no-tell motel）と呼ばれるモーテルが、それに近い。"Melissa"は、チトリン・サーキットの最中、オールマン・ジョイズがフロリダのノーテル・モーテルに一週間滞在した間、グレッグが書いた曲だ。グレッグは二歳の時に、父親がバージニア州でヒッチハイカーに殺されてしまう。彼はまた、兄とともに入れられたテネシー州の全寮制の軍学校で、一〇代前半を過ごす。これらの辛い体験から、孤独を抱えるようになる。"Melissa"を書いた時もモーテルで孤独に襲われ、恋人に会いたくなり、彼女のことを歌にする。が、どうしてもメロディにはまる、ぴったりの名前が思いつかない。そうこうしているうちに、グレッグがバンド全員分の飲み物を調達する番になり、ノーテル・モーテルから二四時間営業の食材店に向かう。その店ではスペイン系のおばあさんが、店内を走り回る孫に「こらメリッサ、戻ってきなさい！」と叱っていた。

旅するミュージシャンをジプシーにたとえた"Melissa"では、悲しみを抱えながらも様々な女性と知り合うロード生活と、故郷で待つメリッサへの想いが歌われる。毛布もない生活だが、朝になれば楽器を持ち、走り続けなければならない。「クロスロードよ　いつになったら解放してくれるんだい？」と、クロスロード（十字路）で悪魔に魂を売り、音楽の才能を得たロバート・ジョンソンの伝説から取ったと思われる箇所も出てくる。貨物列車の走る様子も歌われ、南部らしいバラードの名曲だ。

オールマン・ジョイズは、一九六七年にセントルイスのクラブで演奏中、ニッティー・グリッティー・ダート・バンドに才能を見込まれ、彼らのマネージャーの説得により、極度の貧しさから抜け出したい思いもあり、ロスアンゼルス進出を決める。セントルイスからロスへ向かうのに使ったのは、もちろんルート66だ。グレッグの自伝*My Cross to Bear*には、ニューメキシコかアリゾナで、ドライブイン・レストランに寄った際、後ろにごつい親父が控えているのに、ヒスパニック系の若い女の子にデュアンがちょっかいを出し、ヒヤヒヤしたことが出てくる。

グレッグは、ロスでジャクソン・ブラウンと仲良くなり、彼のソングライティングを間近で学ぶ。彼はまた、ドアーズのメンバーに囲われていた女性と、ローレル・キャニオンの彼女の家で逢瀬を重ねる。"Dreams"（一九六九年に発売されたオールマンのデビュー・アルバム『オールマン・ブラザーズ・バンド』収録）は、朝起きて、雨がローレル・キャニオンの斜面を流れ落ちるさまを見て、書かれた曲だ。オールマン・ジョイズからバンド名を変えたアワーグラスは、ライヴ・バンドとしては評判になったが、レコードは失敗に終わった。

紆余曲折を経てオールマン・ブラザーズ・バンドが結成され、キャプリコーン・レコードと契約し、拠点をフロリダ州メイコンに写す。黒人ドラマーのジェイモーと、それ以外は全員長髪のヒッピーから成るバンドは、南部の田舎で嫌な思いを沢山したそう。ロード・ムービー『イージー・ライダー』（一九六九年）でも描かれているように、当時南部では、長髪のヒッピーは攻撃の対象になった。

アルバム二枚を出すもさほどのヒットには至らなかったが、年間のほとんどをツアーに費やしたことや、デュアンの参加したデレク・アンド・ザ・ドミノスの"Layla"（一九七〇年発売の『いとしのレイラ』収録）が話題になったことも後押しし、七一年発売のライヴ盤『フィルモア・イースト・ライヴ』が大ヒットする。史上最高のライヴ・バンドの誕生だ。

『フィルモア・イースト・ライヴ』発売の数か月後に亡くなったデュアンの葬式では、グレッグが兄のギターで、デュアンの好きだった"Melissa"を演奏。その後、解散していた時期もあったが、何度も危機を乗り越えロード生活を続けたバンドは、二〇一四年、遂にクロスロードから解放され、その三年後に、ブッチとグレッグが相次いでこの世から去った。

第 5 章

ホームへの想い

ルート 66 = テキサス州アマリロ

ウェストバージニア州、ハーパーズ・フェリー（2008年撮影）

アマリロは、八つの州と三つのタイムゾーンにまたがるルート66の、中間地点近くに位置する。州の面積の広さでは、アラスカに次ぎ全米で二番目に大きいテキサス。ローン・スター・ステイトと呼ばれるこの州を、南部の一州とみなさない人々もいて、南部と西部をミックスしたような、独自のカルチャーを持つ。そんなテキサスの、ちょっと変な魅力いっぱいのアーティストを紹介。ホワイトハウスの晩餐会に無断で押し入ったタレントと駆け落ちしたロックスターは誰？　舞台をワシントンD．C．に移し、オバマ政権誕生に浮かれる首都の様子や、ホワイトハウスのすぐ側で育まれた、豊かなブラック・カルチャーの歴史を伝える。首都近郊に連なるアパラチア山脈の穏やかな景色から生まれた、日本でも長年親しまれる名曲。地元住人ならではの視点で、首都にまつわる音楽のあれこれを、詳細にレポートする。

エドガー・ウィンター“Keep Playin' That Rock 'n' Roll”ロックンロールをやり続けろ!　ついでに金も貯めておけ!

ルート66を走り、テキサス州アマリロに到着。カラフルにペイントされたキャデラックが垂直に土に埋まる、屋外型アート作品キャデラック・ランチがある。キャデラック・ランチは、ブルース・スプリングスティーンの“Cadillac Ranch”（一九八〇年発売の『ザ・リバー』収録）に歌われ、ジェームス・ブラウンの“Living in America”（一九八五年のヒット・シングルで、映画『ロッキー4／炎の友情』のサントラ収録）のミュージック・ビデオにも登場する。

残念ながらアマリロには行ったことがない。テキサス州はヒューストンしか訪れたことがないが、とても美しい都市だった。夫がハイスクール時代に住んでいたため、昔を懐かしむ旅に出た。豪華なショッピング・モールのギャラリアがあり、ハイウェイも車も、何もかも巨大な大都会で、今まで訪れたアメリカの都市の中で、一番お金があるように見えた。義父の秘書をしていた女性のお宅に泊まらせてもらい、ジョンソン宇宙センターにも連れて行ってもらった。夫はその一〇年後に再び、今度は両親を連れてヒューストンに行き、思い出の道をたどった。

Edgar Winter / Edgar Winter's White Trash (1971)

テキサスは音楽の宝庫だ。ナッシュビルに反旗を翻した、ウィリー・ネルソンらを中心としたアウトロー・カントリーが発展したオースティンは、「世界のライヴ・ミュージックの首都」と呼ばれている。オースティンのライヴとともに、一度訪れてみたいのが、ダラスで一〇〇年以上前から毎年行われているお祭り、テキサス・ステイト・フェアだ。ありとあらゆる食べ物を油で揚げるらしいので、食べてみたい。

テキサスはブルースの黎明期から、ブラインド・レモン・ジェファースン、T－ボーン・ウォーカー、ライトニン・ホプキンスなど、多くのブルースの巨人を輩出している。一〇〇万ドルのブルース・ギタリスト、ジョニー・ウィンターもテキサス州ボーモントの出身だ。音楽一家に生まれたジョニーは、ロックンロール誕生の前から音楽をやり始め、五〇年代半ばからロックンロールとブルースに夢中になる。ボーモントのブルースのジョイントには、有名なブルースマンたちが演奏に来て、白人のジョニー（兄弟でアルビノだ）は、黒人のミュージシャンから多くを学ぶ。六〇年代後半の公民権運動により、黒人と白人の間がぎくしゃくするまでは、ボーモントのブルース・シーンは人種間の対立もなく、開かれた場だったようだ。

ここではジョニーほど有名ではないが、兄弟で小さい頃から一緒に音楽活動していた、二歳下の弟エドガー・ウィンターを紹介したい。ヴォーカル、サックス、キーボード以外にプロデュースもこなすなど、才能豊かなマルチ・プレイヤーである彼を、南部のトッド・ラングレンと言ったら、言い過ぎだろうか。エドガー・ウィンター・グループ名義での全米ナンバー1ヒット、

“Frankenstein”（一九七二年発売の『ゼイ・オンリー・カム・アウト・アット・ナイト』収録）はシンセサイザーをメインに据えたインストゥルメンタル曲で、当時としては画期的だった。リック・デリンジャーやレオン・ラッセルなど、エドガーの周辺は手練れのミュージシャンが多いが、このグループはロニー・モントローズとダン・ハートマン（先述の“Living in America”の共作者でプロデューサーでもある）を輩出している。

とにかくずっとロードに出ている人で、アメリカと日本で、何度もライヴを観てきた。リックとの共演が多かったが、同じテキサス出身のファビュラス・サンダーバーズが前座だったこともあった。ライヴを観ると、インプロに優れていることがわかり、兄ジョニーとともに、ウィンター・ファミリー特有のリックというかそれよりも細かいフックがあり（亡くなる前にジョニーを観た時は、肉体的には衰えていたが、そのフックは健在だった）、とにかく何か、変。そんな「変」な魅力一杯のエドガーの音楽と、日本で出会った時のことをシェアさせてほしい。

小学校六年生のころから、中古レコードを漁り始めた。親から放任されていたので、もらった週末用のお昼ご飯代を使わずに貯めて、一人で千葉県市川市から電車に乗って有楽町に行き、毎週のように数寄屋橋ショッピングセンターの一階と二階、それから銀座のソニービルにある中古レコード店ハンターに行った。お茶の水のディスクユニオン等に比べ、ハンターは盤質だけで価格付けがされているので安く、五〇〇円以内のボロボロのレコードを買いまくった。おじさんたちに混じって、子どもが素早く両手でレコードを掘る姿を、周りはどう見ていたんだろう？

洋楽雑誌『ミュージック・ライフ』や、ラジオ「全米TOP40」と「全英TOP20」の、男女関係なくわいわいやっている雰囲気が大好きで、欠かさずそれらの媒体にアクセスしていたが、そこで紹介される音楽は好みではなかった。他の音楽誌は、男性中心の偏狭なノリが子供心にも嫌で、近づかなかった。そのため、ガイドとなる情報が無いまま、ひたすら中古レコードをジャケ買いしていった（大人になって『レコード・コレクターズ』誌を購読し、自分の聴いている音楽を体系的に知るまで、ロックの中の細かいジャンルは気にもとめたことがなかった）。

ジャケ買いの指針としたのは、古臭そう・ダサそうの二点。小さい頃から、おしゃれだったり、男のダンディズムなんか感じさせるロックは、まるでダメだった（例えば、ロキシー・ミュージックの“Jealous Guy”）。そんな中、ハンターで出会ったエドガー・ウィンター・グループの『恐怖のショック療法』（一九七四年）は、古臭くてダサいギラギラのオーラがみなぎっていた。大量にあったチェイスの『追跡』（一九七一年）とジャケのダサさが少し似ていたが、こっちの方が、「買え」とわたしに訴えかけてきた。

そこからエドガーにはまったが情報が無く、アルバムが何枚出ているのかもわからない。八〇年代の『ミュージック・ライフ』は、読者が編集部に電話をしてもいい時間があったので、「エドガー・ウィンターについて教えてください」と電話をかけた。子どもの声で思わぬアーティストの名前が出たからか、相手はひるんだ様子で、電話を替わった。次に出た男性は、優しい声で「デビュー・アルバムがすごくいいから買いなさい」と教えてくれた。

様々な中古レコード屋を何年も探したが、やっとそのアルバムを手にしたのは、大学受験のために、一年間音楽断ちをしていた時だった。高三の一年間で、一度だけレコード屋に入り、一枚だけ買い、たった一度だけ聴くことを自分と約束していた。予備校の夏期講習の後、高田馬場の中古レコード屋タイムに入り、デビュー・アルバム『エントランス』(一九七〇年)があるのを見た瞬間と、家に帰って針を落とした瞬間のことは一生忘れない。ジャズとブルースとゴスペルの混じった、噂通り最高のロック・アルバムだった。

エドガーの二作目はバンド名義で、バンド名がそのままタイトルになった『ホワイト・トラッシュ』(一九七一年)。このアルバムを初めて聴いたのは中学生の時だったが、一曲目を聴いた時の衝撃を今でも覚えている。これこそ自分の求めていた音楽だと思った。わたしの好きなロックの条件——B級の匂い・ブラック・ミュージックの香り・ネイバーフッドのノリ——全てを兼ね備えていて、どこか南部の路上か教会で、目の前演奏してくれているような感覚に襲われた(しかも異常なテンションの高さと暑苦しさでたたみかけてくる)。

エドガーの父親は、ミシシッピ州の名士だったため、貧しい白人に対する差別用語であるホワイト・トラッシュのバンド名と出自は、必ずしも一致しない。エンターテインメント界においては、あえて差別用語を使い(自称する分には構わない。ヒップ・ホップ界でも同様の言葉はよく使われる)、カルチャーの独自性や反骨精神を表すことがある。メインのヴォーカリストであるジェリー・ラクロワ(ルイジアナ州出身)は、まるで黒人のようにソウルフルで、テキサス州出身の女性シンガー、ジャニス・ジョプリンもそうだが、アフリカン・アメリカンとつるんでいたことが想像できる。彼らの発音やグルーヴ感は、わたしのセントルイスの時のクラスメイト――ブラック・コミュニティに住む唯一の白人の女の子――を思い起こさせる。学歴や経済状態とは関係なしに（ジェリーもジャニスも大学に通っている）、この三人に共通するグルーヴ感に名を付けるとしたら、ホワイト・トラッシュの言葉しか思い浮かばない。

エドガー一世一代の名バラード“Dying to Live”に続いて『ホワイト・トラッシュ』に入っている“Keep Playin' That Rock 'n' Roll”は、エドガーの自伝的なロックンロール・ナンバーだ――テキサスでリズム・アンド・ブルースをやっていたら、でかいオファーを受け、兄ジョニーが大スターになっていたＮＹに。地元のみんなの声が、鳴り響く「ロックンロールをやり続けろ　言いつけを守り　大人になった時のために金を貯めておけ」。色々考えたけど、飛んだりシャウトしたりする音楽がやっぱりいい。商業的って言われたっていいさ。

「色々考えたけど」の言葉が、何でもできてしまうエドガーらしい。「商業的」の言葉も、本人やまわりのミュージシャンが、才能もテクニックもあるのに難解な路線に行ったり、テクニック至上主義に陥らない、彼の姿勢を表している。この曲をロード上で書かれた典型的な曲だと言うエドガーは、ロードは物事に対する考えや姿勢を変え、作風に影響を与えるので、ロード上で曲作りをすることは難しいと語っている。痛快なロード・ソングの陰にも、創作の悩みがある。

ジャーニー“Faithfully”
ツアー・バスの中で書かれた、愛する人への手紙

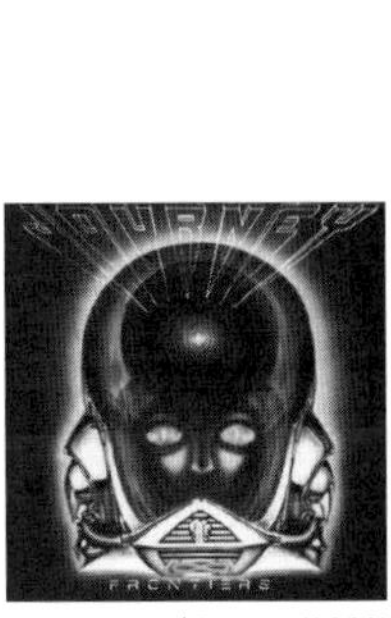
Journey / Frontiers (1983)

ジャーニーの一九八三年のツアーを追った『Journey Frontiers & Beyond』（一九八三年）は、バンドを支える裏方、ロード・クルーに焦点を当てた貴重なドキュメンタリーだ。六か月かけて全米を七台のトレーラー、三台のバスで回るツアー。七〇人のスタッフが、朝早くから会場の設置をし、コンサートが終わる夜遅くから、今度は解体作業。休む間もなく、次の公演地へ。屋外の会場では嵐の中で会場をセットアップ。ワイオミング州では吹雪でバスが故障。そんな過酷な仕事でも、バンドがステージに登場した瞬間、何万人の観客が歓声を上げると、苦労が報われる……「金じゃないよ」と口々に言うローディたち。

ジャーニーのマネージャー、ハービー・ハーバートは、サンタナのローディをやっていた六〇年代を振り返り、ツアーの規模がいかに巨大化したかを語る。ドキュメンタリーでは、コーポレイト・ロックだ、商業的だとプレスに不当に評価されると、キーボーディストのジョナサン・ケインが怒りを露わにしていた。当時日本でも、ジャーニーは産業ロックだと揶揄されていたが、クルー

とバンドが家族のように一丸となって全力で仕事をしている姿を見ると、実態が知られていなかっただけなのだなと思う。

ソングライティングにしても、ヒットのフォーミュラがあればいくらでも量産できるだろうが、リスナーの感情は、そんな簡単に操作できるようなものではない。シカゴ出身のジョナサンは、売れないミュージシャンだったころ、ハリウッドから父親に電話をし、「夢をあきらめてシカゴに帰った方がいいかな」と聞く。父の返事は、“Don't Stop Believin'”（信じるのを止めるな）だった。ノートに書き留めたこの言葉が、後にジャーニーのヒット曲“Don't Stop Believin'”（一九八一年発売の『エスケイプ』収録）として形になった。ヒットの陰には、様々なドラマがある。

“Don't Stop Believin'”は、ヴォーカルのスティーヴ・ペリー、ギタリストのニール・ショーンとジョナサンの共作だ。歌詞に出てくる“boulevard”は、ウェスト・ハリウッドにあるサンセット・ブルバードのことで、スターを夢見る人々が、金曜の夜にこの通りを行き来する様子を思い描き、ジョナサンが書いた。スティーヴの頭にあったのは、ミシガン州デトロイトだが、彼が歌詞に加えたサウス・デトロイトは、残念ながら存在しない。

ジョナサンが奥さんに捧げたロード・ソング“Faithfully”（一九八三年発売の『フロンティアーズ』収録）には、先述のドキュメンタリーを編集したミュージック・ビデオが作られている。荒涼とした大地、椰子の木が並ぶ暖かい地、雪景色など、様々な風景の中をツアー・バスが走る。車線数の多いハイウェイから、2レーン・ハイウェイまで、ロードも様々。スタジアムを埋める観客の前で演奏するバンド、ツアー・バスの中で仮眠をとるクルーなど、移動中やバック・ステージの様子も満載だ。

“Faithfully”冒頭の歌詞「ハイウェイが真夜中の太陽に向かって走る」は、ニューヨーク州サラトガ・スプリングズに向かうツアー・バスの中で書かれた。バスの中で目覚めたジョナサンは、昨夜自分が歌詞を書いた紙ナプキンが傍らに置かれているのに気づき、公演地サラトガ・パフォーミング・アーツ・センターに着くと、グランドピアノで一気に曲を書き上げる。出だしのメロディは、バスの中で聞こえる、車輪の回る音をイメージしたそう。

“Faithfully”の言葉は、ロードに出て離ればなれになっても、「ずっと君に誠実でいるよ」の意味と、手紙の結びで使われる「敬具」の意味のダブルミーニングで使われていて、歌詞全体は奥さんに宛てた手紙のような文面になっている。ミュージック・マンと一緒になるのは、想像と違ってただろ?と、ツアーに出て離ればなれになる辛い気持ちが歌われる。夫婦は、この曲が世に出た一年後に離婚してしまう。

ＭＴＶでよくビデオがかかっていたジャーニーの“Separate Ways (Worlds Apart)”(『フロンティアーズ』収録)が好きで、一九八三年の武道館公演に行きたかったのだが、まだ中学一年生で行けなかった。コンサートに頻繁に行くようになるのは、翌八四年のロッド・スチュワート武道館公演からだ。初めてジャーニーを生で観たのは、スティーヴ・ペリーに代わりスティーヴ・オージェリーがメイン・ヴォーカルを務めていたころ、ホワイトハウスすぐ側のコンスティテューション・ホールだった。

それから一〇年以上経ち、再びワシントンD.C.近郊のメリーランド州に住むようになり、オバマ政権でワシントン一帯が浮かれる中、ホワイトハウスに押し入った女が、ニール・ショーンと駆け落ちをした。一五歳でサンタナに加入した天才ギタリストであり、ジャーニーの顔でもあるニールの趣味の悪さに驚き、「ニール・ショーン！　なぜそんな女と駆け落ちするんだ！　なぜなんだ！」と心の中で叫んだ。この事件を説明するには、当時のD.C.の雰囲気を詳しく説明する必要がある。

二〇〇九年オバマ大統領の誕生は、本当に嬉しかった。シカゴのサウス・サイドで貧しい人々のために弁護士活動をしていたことも「本物」だと思ったし、白人英語をしゃべる白人のネイバーフッドで育った黒人の有識者も多いなか、オバマも、シカゴのサウス・サイドで育ちハーバード大学ロースクールを出て弁護士になったファースト・レディのミシェルも、ブラック・カルチャーの言葉をしゃべるのが、嬉しかった。黒人初の大統領という人種のこと以上に、ネイバーフッドのカルチャーが大事にされていることが、嬉しかった。ペンシルベニア州やニューヨーク州に住む友人が、オバマ陣営の選挙活動をしていたので、わたしの周りは皆、歓迎ムードだった。

子どもたちの年齢が近く、隣町のメリーランド州ベセスダにある学校にオバマの子どもたちが通うことで、余計に親しみがわいた。ケネディ大統領以来のルックスの良さも手伝い、ベセスダの高級誌の表紙には、上半身裸のオバマの写真とともに、「ホットな隣人が越してきた」の見出しが躍った。子どもたちを連れて、就任式前夜に行われた、就任祝いの子どもコンサートに行った。

ファースト・ファミリーが見守る中、我が家の子どもたちが大好きなマイリー・サイラスやジョナス・ブラザーズが歌った。イースターには、ホワイトハウスの裏庭で開かれるイースター・エッグ・ロールに家族で行き、ジャスティン・ビーバーのライヴや、『ハリー・ポッター』の作者J・K・ローリングによる読み聞かせを楽しんだ。

わたしは、D.C.のポリティカリー・コレクトな雰囲気に、疲れてもいた。D.C.近郊に住んだのは、北京に四年住んだ後だった。中国の街を歩き回って見た光景——西安で「工人市場」と書かれた大きな看板の下、商売道具一つだけ持って、マス目に綺麗に並んで座る人々。北京の路上で何度も見かけた四肢を切断された子どもの物乞い。高級デパートで釣り銭を投げる金持ち。日本人幼稚園の謝恩会用の買い出しのため市場で値切り交渉をしていた時に、怒って売り子につばを吐きかけた日本人ママ。

中国は日本より、子持ちにはずっと優しかった。赤ちゃんの素足が少しでも出ていると、遠くからでもすっ飛んで来てくれた。めったに出会えないような尊敬できる人々が、特別ではない所に普通にいた。反日デモもあったが、日本人だからといって嫌な思いをしたことは一度もなかった。

人間って何だろうとずっと考えていた。出した結論は、結局みんな同じじゃないか——差別や欲を表に出すか、うまく隠すかの違いでしかない、というものだった。SARS（重症急性呼吸器症候群）で中国政府には大変な目に遭わされたが、中国人には嫌な感情は無かったので、その後アメリカに住み、メディアも一般の人々も、揃って中国のことを悪く言っていることに違和感を覚えた。

D.C.では、政治や人権が身近にあった。子どもの通う学校の親たちの多くが、国際的で立派な仕事をしていた。多様な人種構成で、ヒスパニックのお友達の誕生パーティに行くと、アメリカ人のママが、その家のパパとラテン・アメリカの小さな国の政治問題について話していた。公立学校なのに教育水準高く、ジャーナリズムを扱う博物館に、父兄として遠足の引率をした時は、なかなか食べ終わらない子や、走り回る子どもに弁当を食べさせ、さらに人権について学ばせなければならなかった。

わたしはポリティカリー・コレクトでないものを激しく欲した。根がロックなので、権力が集中するお堅い土地が、なんとなく合わなかった。低俗で俗悪なリアリティ・テレビジョンや、やらせ満載のプロレスWWEをテレビで見続けた。教育熱心な親を持つ息子の友人や娘の友人が、我が家に遊びに来ても、出演者が殴り合いの喧嘩をしながら放送禁止用語を連発するため、ピーピーと音が鳴り続ける番組を見続け、しまいには小学生の息子に「友達が遊びに来た時は控えてくれ」と言われる始末だった。

『ザ・リアル・ハウスワイブス』シリーズにも夢中になった。各地の金持ち主婦の生活を追った低俗なリアリティ・テレビジョンで、その土地をステレオタイプに描いていた。マンハッタンの主婦たちはスノッブで鼻につき、カリフォルニア州オレンジ・カウンティの全身整形で思慮の浅い主婦たちや、ニュージャージー州の喧嘩っ早い主婦たちが大好きだった。新しい時代の幕開けを信じ、D.C.一帯がお祭り騒ぎのなか、満を持して登場したのが『ザ・リアル・ハウスワイブス・オブD.

C.』だったが、これには本当にがっかりさせられた。お堅くて退屈な、D.C.そのものだった。一シーズンで打ち切りになったシーズン後半、主婦の一人で、D.C.近郊バージニア州の豪邸に住むミケイル・サラヒが、夫とともに、ホワイトハウスの晩餐会に招待状もないまま押し入り、オバマ大統領と談笑までする。晩餐会に行くまでの準備、美容院に行くところから、ホワイトハウス到着まで、番組のカメラが追った。夫妻は結局、逮捕されることはなかったが、嘘だらけのミケイルの経歴とともに、その悪名が全米に知れ渡ることとなった。事件から二年後、ミケイルはニール・ショーンと不倫の末に駆け落ちし、二〇一二年にはメリーランド州で行われたチャリティ・コンサートのステージ上で、ニールはミケイルにプロポーズ、二人は夫婦となる。テレビ放映された結婚式では、ジャーニーが演奏した。

楽しいことも、疲れることもあったD.C.近郊での生活で、ほっとできる場所があった。ブルース・スプリングスティーンのEストリート・バンドのメンバーとして知られる、ニルス・ロフグレンの故郷、ギャレット・パーク（Garrett Park）だ。メリーランド州にあるこの小さな町の公立小学校に、我が家の子どもたちは通っていた。ヴィクトリア朝の家が並ぶこの町のシンボルは、タウンホールとして使われている可愛いチャペルだ。古い郵便局には、お洒落なブラック・マーケット・ビストロが併設されている。線路横には、メノナイト（アーミッシュに似たキリスト教の一派）がやっているファーマーズ・マーケットがあり、季節の野菜や果物、パイやジャムをいつも楽しみにしていた。住民手作りのスイーツや陶器の並ぶフリーマーケットも楽しかった。

小さくて古い町が好きなクリーデンス・クリアウォーター・リバイバルのジョン・フォガティが喜びそうな、可愛らしい町で育ったニルス・ロフグレンが、ストリート感覚溢れるファンキーな音楽を奏でるのは不思議だ。ジミ・ヘンドリックスを生で観て衝撃を受けてギターを始め、ティーンエイジャーのころに、当時D.C.エリアで活動をしていたギタリストのロイ・ブキャナンにギターの手ほどきを受けたことや、ニューヨークに一時期行っていたことも影響しているのかもしれない。D.C.からNYは車で四時間弱、電車アムトラックも頻繁に往復しており、アメリカの感覚でいくとかなり近い。

シカゴで生まれたニルスは、幼少期にギャレット・パークに越して来た。七〇年代後半にはD.C.エリアのテコンドー教室のTVコマーシャル・ソングを作るなど、地元との縁は深い。スウェーデン人とイタリア人の両親に生まれ、小さい頃からアコーディオンを弾き、体操の選手でもあった（七〇年代のステージで宙返りをしていたのはそのため）。一七歳の時、ジョージタウンのライヴハウス、ザ・セラー・ドアで行われたニール・ヤングのライヴを観に行き、勝手に楽屋に押しかけ、音楽活動の相談に乗ってもらいながら、自作曲を披露する。ニルスを気に入ったニールは、カリフォルニアのローレル・キャニオンの自宅に住まわせ、ニルスはクレイジー・ホースのメンバーとしてニールのバックを務める。七〇年代に出したソロ『ロフグレン #1』（一九七五年）、『クライ・タフ』（一九七六年）、『稲妻』（一九七七年）、『稲妻の夜〜ニルス・ライヴ！』（一九七七年）は、いずれもいいアルバムだ。

ニルスがどれだけD.C.のブラック・カルチャーに影響を受けたかはわからないが、D.C.はアフリカン・アメリカンの街でもある。D.C.及びその近郊は、人種隔離政策の時代から現在まで、白人と黒人がエリアを半分に分けて暮らしている。わたしは大学生の時に、本書で紹介したジョン・ケンダルの息子一家の家にホームステイをさせてもらった。ママの喜子さんは、小学生のわたしを車に乗せ、ホワイト・フライト（人種混合の都心部から逃れるため、白人が郊外に移り住む現象）を説明するために、セントルイスのスラムを車で案内してくれた。パパのスティーヴさんは、同じように大学生のわたしを車に乗せて、D.C.のスラムを見せてくれた。彼らの家はD.C.近郊のメリーランド州ウィートンにあり、ここも人種の変動が激しいエリアではあるが、すぐ側にあるギャレット・パークが白人のコミュニティであるのに対し、多様な人種構成だった。

一九二〇年代から五〇年代にかけて、D.C.のUストリートは、ブラック・ブロードウェイと呼ばれていた。当時、南部から移り住んだ黒人たちは、首都が故郷と同じように人種隔離されていることに驚く。スミソニアン動物園で毎年行われるイースターのイベントは、かつてホワイトハウスのイースター・エッグ・ロールに入れてもらえない、黒人の子どもとその家族のためのお祭りだった。現在は人種に関係なく近隣の子どもたちが訪れ、わたしも子どもたちとエッグ・ハントを楽しんだ。ブラック・ブロードウェイ周辺には、伝統的に黒人の学生が通う名門ハワード大学がある。R&Bの歌手ロバータ・フラックとダニー・ハサウェイはこの大学で音楽を専攻し、現在のアメリカ副大統領カマラ・ハリスも卒業生だ。昔はハワード大学を出ても雇ってくれる所がなかったため、卒業生らは自分たちでビジネスを始め、黒人の経営する会社や店ができる。ジャズを聞かせるクラブや劇場も増え、やがてUストリートは、ブラック・ブロードウェイと呼ばれるようになった。

本書に登場するアトランティック・レコードの創設者アーメット・アーティガンは、駐米トルコ大使の息子だった。D.C.に住み、ブラック・ブロードウェイのハワード・シアターでジャズやブルースを楽しみ、ブラック・ミュージックのレコードを買い漁った。Uストリート在住のデューク・エリントンなど、有名なジャズ・プレイヤーと親しくなるも、白人と黒人は一緒にレストランに入ることさえもできなかったため、大使館に黒人ミュージシャンたちを呼び、コンサートを行うようになる。そんな経験が、ブラック・ミュージックを扱うアトランティックを一九四七年にNYで設立することにつながった。

Uストリートには、庶民の名店、ベンズ・チリ・ボウルがある。D.C.の市長エイドリアン・フェンティが、大統領に就任したばかりのオバマを連れて行き、話題になった。それもD.C.エリア在住の者にとって、嬉しいニュースの一つだった。エイドリアン・フェンティも、ハワード大学のロースクールを卒業している。彼の一家がスポーツ店を経営しているアダムス・モーガンは、D.C.では珍しい、ヒップで庶民的で、人種の入り交じった楽しいネイバーフッドだ。そのランドマーク的存在であるブルース・バーのマダムス・オーガン（Madam's Organ）。夏の夜にここの屋上で食事をすると、最高にファンキーで気持ちよくなれる。

ジョン・デンバー“Take Me Home, Country Roads”カントリー・ロードの舞台を訪ねて

故郷への想いを歌った郷愁を誘う曲、ジョン・デンバーの“Take Me Home, Country Roads”（一九七一年発売の『詩と祈りと誓い』収録）は、世界中で親しまれ、日本でも「故郷へかえりたい」や「カントリー・ロード」の邦題で多くのカヴァーがある。この曲の着想を得た二本のロード、共作者が出会い、曲作りをした学生街、この曲が歌われている可愛い小さな町は、いずれもわたしが暮らし、遊び、学び、何度も訪れたお気に入りの場所なので、一緒にドライブしている気分で読んでいただけたらと思う。

メインのソングライターであるビル・ダノフとタフィー・ナイバートは、ワシントンD.C.のジョージタウンに住むミュージシャンのカップルだった。タフィーはD.C.出身。ビルはマサチューセッツ州の出身で、名門ジョージタウン大学を卒業、CIAへの入所を希望したが叶わず、ミュージシャンになる。

ジョージタウンは、ヨーロッパのように古く可愛らしい景観のネイバーフッドで、昼はウィン

John Denver / Poems, Prayers & Promises (1971)

ドー・ショッピングを楽しみ、ラバが引くボートに乗って運河を下ることもできる。運河沿いのフィロミーナ・リストランテ（Filomena Ristorante）は、歴代の大統領や有名俳優も度々訪れるイタリアン・レストランで、店内を埋め尽くす飾り付けが、季節ごとに変るのが楽しみだった。権力の中心地ワシントンにあって、数少ないナイトライフを楽しめる場所でもあり、ライヴハウスでバディ・ガイを観たこともある。二〇代でD.C.に住んでいた時は、ジョージタウン大学の社会人向けコースを受講していた。この大学もヨーロッパのような趣で、キャンパスの下を流れるポトマック川では、ボート部がいつも練習をしていた。ポトマック川をのんびり周遊するクルーズもあり、船上から眺めるケネディ・センターやジョージタウン大学は、とても美しい。

ジョージタウンのライヴハウス、ザ・セラー・ドアで、一九七〇年のクリスマスから七一年の元旦にかけて、ジョン・デンバーがライヴを行い、その前座を務めたのがビルとタフィーのフォーク・デュオ、ファット・シティだった。二人の住むジョージタウンのアパートメントを訪れたジョンに彼らは、ジョニー・キャッシュに提供しようと考えていた、書きかけの曲を聞かせる。曲を気に入ったジョンの提案で、朝までかかって三人で曲を仕上げ、"Take Me Home, Country Roads"が誕生した。早速その日の夜、ザ・セラー・ドアで三人が演奏すると、スタンディング・オベーションになり、拍手が五分間も鳴り止まなかったそう。ジョンがNYで行ったレコーディングには、ビルとタフィーも参加した。

歌詞では、田舎道よ、故郷ウェストバージニアに連れて行っておくれ、と歌われるが、歌詞をメ

ペンシルベニア州アーミッシュ村（1998年、車内から撮影）

インに書いたビルは、ウェストバージニア州を訪れたことがなかった。タフィーの親族の集まりがメリーランド州であり、二人でそこに向かうクロッパー・ロードを運転中に、曲のインスピレーションが沸く。クロッパー・ロードは、ワシントンD.C.の通勤圏内にある、メリーランド州郊外のジャーマン・タウンとゲイセスバーグを結ぶ道だ。曲が書かれた頃はもっと「カントリー・ロード」だったようだが、現在は宅地化が進んで車線数の多い道路になり、途中から緑の多い、のんびりした二車線道路になる。

ジャーマン・タウンに住む友人を訪ねたり、アーミッシュのスーパーマーケットに行くのに、クロッパー・ロードを度々通った。宗教に基づき、昔ながらの生活を守って暮らすアーミッシュ。ペンシルベニア州にあるアーミッシュ村は観光地になっていて、タイムスリップした気分を味わえるので、よく訪れた。クロッパー・ロードからすぐの所にあるランカスター・カウンティ・ダッチ・マーケットは、そのアーミッシュの人々が、ペンシルベニアから来て開いているスーパーだ。売っている食べ物はどれも巨大でカロリーたっぷりだが絶品で、まさにコンフォート・フード（癒やされる食べ物）。フライドチキン、巨大なベイビー・バック・リブ、ポテト・ウェッジ、新鮮な肉や野菜、乳製品は必ず買った。ポテトサラダやコールスローは、砂糖たっぷりで甘すぎた。近頃は日本でも見かけるようになったウーピー・パイは、ペンシルベニア・アーミッシュの名物で、色々な種類が売っていた。キャラメルがけのリンゴが並んでいるスイーツ売り場や、昔ながらのキャンディー売り場もかわいかった。

クロッパー・ロードが貫くセネカ・クリーク・ステイト・パークは、湖のある自然豊かな公園で、ホラー映画『ブレア・ウィッチ・プロジェクト』（一九九九年）の撮影地でもある。クリスマスシーズンには、車で見て回れる大がかりなイルミネーションが行われるので、子どもたちを連れて行った。

“Take Me Home, Country Roads”にインスピレーションを与えたもう一本のロードは、州間高速道路のI－81だ。バージニア州のI－81を運転中に、シェナンドー川（実際の発音はシャナンドーア）とブルーリッジ山脈を見て、歌詞に入れたそう。I－81は高速道路だからそれほど景観は良くないが、シェナンドー国立公園のあるこの一帯は、メリーランド州の我が家からさほど遠くないので、家族でよくドライブに行った。I－81を降りると、見晴らしの良い眺め（絶景とはいえないその地味さ加減がちょうどいい）の続くスカイライン・ドライブとブルーリッジ・パークウェイがあり、自然豊かなトレイルや、鍾乳洞のルーレイ洞窟もある。

メリーランド州とバージニア州の山が見えるこれらの道を走りながら、ビルは出身地マサチューセッツ州スプリングフィールドの田舎道を思い出し、田舎道を走る気持ち良さはどこに行っても同じと思い、曲を書くことにしたそう。この曲が世界で愛される理由は、こんなところにもある。訪れたことのないウェストバージニア州を歌にしようと思ったのは、友人からウェストバージニアの絵はがきをもらったことや、ウェストバージニアのヒッピー・コミューンからライヴに来ていた客と知り合ったのが理由らしい。

ジョージタウンに住む若者は、アパラチアや南部の田舎で飲まれる"moonshine"（密造酒）を口にすることはないだろうから、歌詞に出てくる"moonshine"は、ウェストバージニアを想像しながら書いたかと思うと、微笑ましい。炭鉱労働者も歌詞に出てくる。ウェストバージニアは、アパラチア山脈から採掘される石炭で栄えたが、炭鉱の多くは閉鎖され、貧困率やドラッグ汚染率は現在全米で最悪とされている。そのため、差別的なイメージでこの州を描く映画やメディアは後を絶たない。ウェストバージニアの美しい自然を愛する身としては、二〇一四年に"Take Me Home, Country Roads"が州歌となり、とても嬉しかった。

歌詞には、ラジオを聞いて遠い故郷を思い出すくだりがあるが、これはナッシュビルの「グランド・オール・オプリ」に続いて全米で最も古いカントリー・ミュージックのラジオ番組「ホイーリング・ジャンボリー」が、ウェストバージニア州ホイーリングのラジオ局WWVAから放送されるのを、ビルが五〇年代にマサチューセッツ州で聴いていたことからきている。アパラチアとカントリーのつながり、それが遠い北東部まで影響を与えたことがわかるエピソードだ。シンガーソングライターのチップ・テイラー（トロッグスの“Wild Thing”の作者）も、同時期にNYでウェストバージニアから発信されるこのラジオ局を聴いていた。彼は、その音楽をこう語っている「最高のカントリーと最高のブルース。一九九〇年代になり、アメリカーナと呼ばれるようになったそれらの音楽は、僕らにとってのフォーク・ミュージックだった」。

ライヴで“Take Me Home, Country Roads”を演奏すると、この景色はウェストバージニア州にはない、と言ってくる人がいて、ギクッとすることもあったそう。そんなある日、この歌詞通りの景色が、ウェストバージニア州にあると言う客がいた。その場所が、ポトマック川とシェナンドー川が合流し、メリーランド・バージニア・ウェストバージニアの三州が交わる地点の、ウェストバージニア州ブルーリッジ山脈に位置する、国立歴史公園ハーパーズ・フェリーだ。ハーパーズ・フェリーの丘からは、歌詞通りブルーリッジ山脈とシェナンドー川を眺めることができ、まるで絵はがきのように美しい。

ハーパーズ・フェリーには、全米一の長さを誇るアパラチアン・トレイルが走り、その一部が鉄橋を通るのだが、そこからの眺めも素晴らしい。トレイルを散策した後は、南北戦争時代の廃墟や鉄道の線路跡、歴史博物館を覗いて、昔にタイムスリップできる。夏はよく、南北戦争の戦いを再現していて、我が家の子どもたちは大喜びだった。かわいいアイスクリーム屋さんや土産物屋もある小さな古い町では、大人も子どもも幸せな時間を過ごすことができ、何度行っても飽きることはなかった。

ジョン・デンバーのもう一つの代表曲"Rocky Mountain High"で歌われるロッキー山脈の大自然に比べれば、"Take Me Home, Country Roads"で歌われる景観のスケールは、素朴でまさにカントリーだ。アパラチア山脈は、アラバマ州からカナダまでまたがる長い山脈だが、ロッキー山脈ほど標高は高くなく、適度な湿度もある。アメリカの音楽は、「乾いたサウンド」などとよく形容されるが、乾いた西部の砂漠地帯、湿り気のある南部のスワンプ地帯、東京より少し乾燥しているくらいの東部と中西部など、歌われる地域によって、歌詞の湿度も異なるように思える。ちょうどいい高さの山、子どもも大人もほっとできる平和な田舎、これこそが歌詞にある"almost heaven"(あとちょっとで天国)。身近な天国を歌ったこの曲は、今日も世界中で歌われている。

第6章

ロードへの賛歌

ルート66＝アリゾナ州フラッグスタッフ

グランド・キャニオンからセドナへ（1998年、車内から撮影）

グランドキャニオンや、近年は日本でパワースポットとして注目を浴びるセドナへの拠点となるフラッグスタッフ。ここからロスアンゼルスへは、インターステイトとルート66が、ところどころ並行して走っている。何も無い砂漠のオープンロードをひた走り、山に向かって車のスピードを上げ、ごつごつした山肌に沿ってカーブを描く。己を縛るものから解放され、自由になれる瞬間だ。これぞアメリカ！　この景色から生まれたといっても過言ではない、ウェストコースト・サウンド。ワイルド・ウェストに憧れた、荒くれ者たちの夢物語。サンフランシスコで共同体を形成していたバンドが、ロードをそのままコミューンにする話。アメリカ映画によく登場する2レーン・ハイウェイとは？　ニュージャージー・ターンパイクが歌われる曲は？　中西部のラストベルトで出会った一家。竹内まりやの留学先でもある彼らの住む田舎町に、アメリカの良心をみる。

イーグルス、ジャクソン・ブラウン"Take It Easy"
ルート66上に描かれた夢物語

映画『イージー・ライダー』（一九六九年）の冒頭、ピーター・フォンダとデニス・ホッパー演じるライダー二人が、カリフォルニアからニューオーリンズを目指してバイクで出発。低い山が遠くに見え、低木がまだらに生える砂漠地帯を疾走する背後に流れるのは、ステッペンウルフの"Born to be Wild"だ。この曲が流れる間、二人はルート66を走っている。タイトルバックで映る、コロラド川にかかる白い橋は、ルート66の観光名所になっており、木こりの大きな人形やホテルが映る街は、ルート66上の街、アリゾナ州フラッグスタッフだ。そして、このフラッグスタッフと、その近くのウィンズローは、イーグルスの代表曲"Take it Easy"（一九七二年発売のデビュー・アルバム『イーグルス・ファースト』収録）の舞台になった。"Take it Easy"は、シンガーソングライターのジャクソン・ブラウンと、イーグルスのギタリスト・ヴォーカリストであるグレン・フライの共作だが、大部分はジャクソンによって書かれた（ジャクソンのバージョンは、一九七三年発売の彼のアルバム『フォー・エヴリマン』収録）。ロスアンゼルスからアリゾナ州のセドナまで、友人とロード・トリップをしていた彼

The Eagles / Eagles (1972)

Jackson Browne / For Everyman (1973)

は、フラッグスタッフに立ち寄り、車が故障したためウィンズローで立ち往生。その体験を元に曲を書いた。現在ウィンズローには、"Take it Easy"を記念して、"Standing on the Corner Park"と名付けられた一角が設けられ、フォードのトラックと、ジャクソンとグレンと思われる銅像が建っている。

ジャクソン・ブラウンと同じように、ロスアンゼルスからセドナを目指したことがある。カリフォルニア州のロスアンゼルス→ネバダ州のラスベガス→フラッグスタッフ→グランド・キャニオン→セドナ→フェニックス→ツーソン（以上アリゾナ州）を、一週間以上かけて回った。当時はワシントンD.C.に住んでいた。ロスに出発する前夜、地元のお祭りテイスト・オブD.C.でグラディス・ナイト&ザ・ピップスを観ていたら、隣の夫が「なんだか具合が悪い」と言う。ロスの空港で彼の免許証を使いレンタカーを借り、数日間遊ぶうちに、夫に風邪の症状が出始めた。ロスからベガスまで長距離ドライブをするのに、風邪薬を飲んでいては危険だ。私が運転することになったが、そこで気づいた。運転免許証を家に忘れてきたことに。今思えば無謀だが、まだ二〇代で若かった。わたしが運転することになった。

ロスのハイウェイは、いったい何車線あるんだ！というくらい車線数が多く、左右から合流してくる車に「ひえー、ひえー」と恐怖の声をあげながら運転した記憶があるが、都会を抜けたらすぐそこは、砂漠。夫が隣でぐったり寝ている横で、免許不携帯のままハンドルを握り、何も無い砂漠の中を疾走する。車を走らせるうちに、それまで縛られていた何かから解放され、どんどん自由になっていく気がした。途中、ごつごつしたテラコッタ色の岩肌の間を抜け、コロラド川をせきとめ

アリゾナ州、セドナ（1998年撮影）

るフーバー・ダムの周りをぐーんと回った時の爽快感といったら！　真っ暗な中、遠くにベガスのまばゆい明かりを目にした時はほっとしたが、不思議と疲れは感じていなかった。

フラッグスタッフは、グランド・キャニオンの観光拠点として栄えている。小さな街が綺麗に整備され、空気も美味しく、背筋が伸びるような感じで、スイスやカナダの山の麓の観光地を思い出した。ロスからベガスは、映画『バグダッド・カフェ』（一九八七年）に映るような、緑のほとんど無い砂色の世界を通り、途中、テラコッタ色の岩がごつごつした砂漠を通り、グランド・キャニオンでは、赤茶色した巨大な渓谷を上から見下ろし、セドナでは逆に、赤茶色の山を下から見上げる。フェニックスからツーソンにかけてはソノラ砂漠になり、日本で弁慶柱と呼ばれる、西部劇に出てくるようなサボテンがたくさん生える中をドライブすることになる。フラッグスタッフは、このルートの他のエリアに比べて高い木や緑が多いので、山のリゾート地の雰囲気が感じられたのかもしれない。

"Take it Easy"の意味は、「気楽にやろう」「カリカリするな」の意味だ。グレンが、フォードのトラックのスピードを落とし主人公をチェックする女の子の登場する一文を歌詞に加え、ウィンズローの街角に立ち「美しい景色を楽しむ」に、「美しい女性の眺めを楽しむ」のダブルミーニングを持たせた。その他にも、全体を通して車とセクシャルなイメージのダブルミーニングを持つ、楽しい曲になっている。それだけではただのおバカソングになってしまうが、この曲はさらに、ジャクソンらしい、人の生き方の本質を突いた歌詞になっている。しゃかりきになって、自分の車輪の回る音で頭がおかしくなりそうなったら、"take it easy"。余裕がまだあるうちに、肩の力を抜け。わからないことは理解しようとするな。と、聴き手にアドバイスしている。「理解しようとするな」は、本書に出てくるレーナード・スキナードの"Simple Man"で歌われていたことに似ている。"Simple Man"同様"Take it Easy"は、わたしの人生のサウンドトラックだ。仕事に没頭しすぎて自分を見失いそうになった時に聴き、何が大切なのかを思い出すようにしている。

ジャクソンのアルバム『孤独なランナー』(原題"Running on Empty"、一九七七年)は、ステージ、楽屋、ホテル、ツアー・バスで録音された、全体がロード・ソングから成る、珍しいアルバムだ。ジャケットには、ロスの大都会を出ると目にする景色――低木がまばらに生えた低い山並み――の真ん中に、2レーン・ハイウェイが空までまっすぐ伸び、手前にはドラム・セットが描かれている。

収録曲の“The Load-Out”は、コンサートの“load-out”（積み出し）、移動、搬入、セッティング、機材や楽器の管理を担うローディや、スタッフなどの裏方と、観客に捧げられた曲だ。

ロックの歌詞を解説するトーク・イベントを東京でやるようになって五年近くなる。ライヴにゲスト出演させてもらうこともあり、朝早くから機材を搬入するスタッフとバンドや、音響などの専門職の人と話すと、彼らが音楽を心から愛し、誇りを持って仕事をしていることがわかる。

クルーへの感謝の気持ちが込められた“The Load-Out”は、“Stay”とともにメドレーで、現在でもジャクソンのライヴの最後に演奏されることが多い。デヴィッド・リンドレーのスライド・ギターとともに、車輪の後ろに何マイルもロードが過ぎ去って行く様子や、君（観客）が家で目覚めるころには、僕らは何千マイルも離れた次の公演地にいるんだよ、と歌われ、シンガーソングライターならではの細やかさがありながらも、ロード生活を続ける前向きな力強さの表れた、極上のロード・ソングになっている。

ドイツで生まれロスで育ったジャクソン・ブラウンは、陽気なアメリカの後ろにある、家族にしか明かさないような個人の心情を歌った人でもある。アメリカの生活は、日本よりも厳しい。犯罪やドラッグが身近にあり、転落すれば早い。そんな中で、表に見せる部分とその後ろにある部分が異なる場合もあるが、それは嘘や二面性があるわけではなく、人に精神的な重荷を押しつけない、必要以上に詮索しない、といった気概からきている。東海岸やイギリスの、言葉そのもので人を切るような皮肉の効いた味付けとは異なる、美しいものの背後にあるどうにもできない真実を描いたのが、六〇年代末から七〇年代にかけてロスで活躍したアーティストたちだったように思う。

イーグルスは、シンガーソングライターの人脈から出てきたバンドなので、曲だけでなく歌詞のクオリティが高い。グレンはバンド結成以前に、イーグルスに多くの曲を提供したシンガーソングライターのJ・D・サウザーとともに、ジャクソンの住む安アパートメントの一つ上の階に住んでいた。ジャクソンが朝から曲作りをする——お茶を沸かす音が聞こえ、静かになり（考える時間）、ピアノを弾きながら曲の断片を何度も歌い、歌詞を書き直す……このセットを延々と繰り返す作業を何週間も行う——「音」を聴いて、作曲のやり方を覚えた。二人が"Take it Easy"を共作したのも、グレンが曲の断片を床越しに聞いたことから始まった。

そんなグレンが中心になり書かれた"Lyin' Eyes"（一九七五年発売の『呪われた夜』収録）は、イーグルスの歌詞の中でも、最高の出来ではないかと思う。アメリカの短編小説にみられるような、文学性とエンターテインメント性や大衆性を併せ持ち、ロマンチックなラヴ・ストーリーをそれほど好まないわたしにも、単なる恋愛ものではない魅力が感じられる。

ロックが一部の趣味嗜好を持つ人間のための音楽であるといったスノビズムを持ってアプローチすると、イーグルスの曲は楽しめない。ロックにおいては、大衆性や「売れること」は悪ではない。しかし、「売れること」はアーティストにとっては諸刃の剣となり、それによって引き起こされる感情が、曲のそこここに込められていることがわかると、このバンドの味わいは深まる。

"the other side of town"——どんな田舎町にもある、裏街道。怪しい酒場やいかがわしい店があるエリア——この言葉の持つイメージを知ると、アメリカの小説や映画をより楽しめるようになる。"Lyin' Eyes"では、年上の金持ちと結婚した女が、若い男と不倫をするために、"the cheatin' side of town"(「浮気街道」のような意味。"the other side of town"をもじった言葉)に行く。燃えるような目をしたその若者。心や体は盗めても、誰も彼の夢を盗むことはできない……。

イーグルスはルート66と縁の深いバンドだ。メンバーは中西部やテキサスから、成功を夢見てロスにやってきた。メンバーではないが、バンドに大きな貢献をしたJ．D．サウザーは、グレンと同じくミシガン州デトロイトで生まれ、ルート66の町テキサス州アマリロで育つ。ドラマーでメイン・ヴォーカルを多く務めたドン・ヘンリーも、テキサス出身だ。そんな彼らが多くの時間を過ごしたのが、終点近くのルート66上にある、ロスアンゼルスはサンタモニカ・ブルバードのライヴ・クラブ、トルバドール(Troubadour)と、その並びにあるレストラン、ダン・タナズ(Dan Tana's)だ。

アメリカのレストランは、席が空くのを待つ間に一杯引っかけられるように、入り口近くがバーになっている店が多い。ダン・タナズのバー・エリアには、夜八時ごろから美しい女性が集まり、一二時になると帰って行く。囲われている女だからだ。いつものように人間観察をしていたある晩、太った年上の男に連れられた、若く美しい女を見かけたグレンは、彼女の目が嘘をついていることを見抜き、"Lyin' Eyes"を思いつく。

"Lyin' Eyes"は、「都会の女」という言葉で始まるが、ダン・タナズのおしゃれな女性たちは、ブレイク前の垢抜けないイーグルスのメンバーを相手にしなかった。グレン、ドンとJ．D．が、バー・エリアのブース席で歌詞のほとんどを書いた“Best of My Love”（一九七四年発売の『オン・ザ・ボーダー』収録）には、美しい顔の並ぶ、賑やかだが空しい場所で、ワインを飲みながら無駄話をして時間をつぶす、とダン・タナズの店内の様子と思われる一節が出てくる。

トルバドールは、ジャクソン・ブラウンのようなシンガーソングライターや、イーグルスのようなカントリー・ロックのバンドが数多く出会い、一緒に曲作りや演奏をし、恋愛もするきっかけとなったクラブだ。グレンとJ.D.サウザーはこの店に入り浸り、フライング・ブリトー・ブラザーズ、ポコ、クロスビー・スティルス・ナッシュ&ヤング、ジョニ・ミッチェル、ジェームス・テイラーなどの演奏やたたずまいを観察し、彼らの長所と短所を研究した。ブルーグラスのバンド、ザ・ディラーズや、バーズのジーン・クラークといった、ミズーリ州オザーク高原出身のアーティストたちが酔っ払って“Amazing Grace”を歌い、みんなで合唱。トルバドール全体が、オザークの礼拝堂のようになった場にも、イーグルスは居合わせている。ちなみに、初期イーグルスの重要メンバーであるバーニー・レドンは、ザ・ディラーズのダグ・ディラードとジーンが結成した、ディラード&クラークに在籍していた。

ロスでカントリー・ロックが発展したのは、ダストボウルからの移民が、三〇年代から四〇年代にかけて、ロスの北に位置するベーカーズフィールドに定住、西海岸流のカントリー・ミュージックが生まれたことが下地になった。バーニー・ホスキンス著*Hotel California: Singer-songwriters and Cocaine Cowboys in the L.A. Canyons 1967–1976*によれば、カントリー・アンド・ウェスタンの「カントリー」ではなく、「ウェスタン」の方は、ロッキー山脈の西側とテキサスで人気があった音楽で、これらの地域は、カリフォルニアを取り囲んでいる。ロスのミュージシャンは、ナッシュビルに代表される「カントリー」の保守性ではなく、「ウェスタン」のアウトロー性にカウンター・カルチャーに通じる精神を見いだす。大都会のストレスから離れた、シンプルで気楽な世界があることに気づき、ローレル・キャニオンやトパンガに住み、ボヘミアンのカウボーイになった気分を味わい、フォークからカントリー・ロックに転向したことが書かれている。

わたしが一〇才くらいのころにイーグルスを好きになって以来、彼らに対して抱くイメージは、カリフォルニアの青い空よりも、無法者や砂漠といった、ワイルド・ウェストのイメージだ。歌詞や音だけでなく、アートワークのモチーフ――『呪われた夜』のジャケットにみられる、ネイティヴ・アメリカンの呪術のような牛の頭蓋骨――の影響も大きいかもしれない。小学生の時に家族で西部を旅したロード・トリップの記憶から、西部に対する憧れが強い。コロラド州デンバー、ワイオミング州のイエローストーン国立公園、サウスダコタ州のラシュモア山国立記念公園（四人の大統領の顔が山に掘られている）、ユタ州の恐竜国立公園（岩壁に埋まる大量の恐竜の化石を見ることができる）で見た、西部劇の出てくるような大自然。バイソンやムースなどの動物。インディアンの工芸品。クリスタルやターコイズなどの石。それらは、硫黄の煙が車に入るのを防ごうと、父が運転しながら窓を閉めようとして、イエローストーンで崖から転落しかけたことも含め、強烈なイメージを自分の中に残した。ゴールドラッシュ（カリフォルニアのゴールドラッシュの後に起こった）のルートだった、カナダとアラスカを通るクロンダイク・ハイウェイを数年前に走った時は、荒くれ者が一攫千金を求めて歩いた、一二〇年前の過酷な旅に思いを馳せた。

本書の前半でも紹介したローレル・キャニオンなどの「キャニオン」は、「渓谷」という意味だ。ロスには山がいくつもある感じで、トルバドールのあるサンタモニカ・ブルバードや、ウイスキー・ア・ゴーゴーのあるサンセット・ストリップの後方には、ウェスト・コースト・サウンドの発展に貢献したローレル・キャニオンだけでなく、映画界や音楽会の有名人やお金持ちの住む、その他のキャニオンが切り立っている。人によっては世界を見下ろす気分でエゴを育むには最適であり、アーティストにとっては、大都会ロサンゼルスの人間関係やプレッシャーから隔離され、広い空と景色が想像力を育み、業界から一歩離れて頭を冷やす場にもなり得る。野生のクジャクが生息するキャニオンもあり、人の家の庭や屋根を自由に歩く姿を目にした時は、美しいというよりは、思ったよりも大きくて怖いと思った。

西部開拓時代をテーマにしたコンセプト・アルバム『ならず者』(一九七三年)のタイトル曲は、ローレル・キャニオンにあるドンの家で、グレンとともに書かれた。切り立った場所にあり、支柱の下を風が通り抜けるとガタガタ揺れる家が、アルバムのイメージ作りに役立ったのではないかと思う。音楽面でのインスピレーションは、アメリカ音楽の父、フォスターから得たそうだ。残念ながら『ならず者』のレコーディングは、寒いロンドンで、アメリカの西部に全く興味のない、年取ったオーケストラ奏者をバックに行わなければならなかった。イーグルスはまた、『イーグルス・ファースト』のジャケットが撮影されたジョシュア・ツリー国立公園や、アリゾナの砂漠を、インスピレーションを求めて度々訪れている。

トルバドールで演奏し、ローレル・キャニオンでつるんでいたロックスターたちが、その後どうなったか。一九七七年のロサンゼルスのロック・シーンを紹介したオランダのドキュメンタリー『ワンダーランド』が、その様子を伝える。ジャクソン・ブラウンが、仲間うちで共演を続けるLAのシーンを、NYから近親相姦だと言われているとつぶやく。イーグルスがデビュー前にバックバンドを務めたリンダ・ロンシュタットは、マリブの海に面した豪邸に越してきて、周りはショービズの人たちばかりで誰も知り合いがいないと嘆く。リンダとボニー・レイットは、ロックの世界を牛耳る男たちが、女性アーティストを敵対視している現状や、女性スターを自分たちの思うように着飾らせて利用する、音楽業界の古さを指摘している。多数の女性アーティストが活躍する現在でも、音楽業界が男性を中心に回っている状態は変わらない。

リンダはまた、ロック・ミュージシャンが自分個人ではなく、スターとしてのイメージに捕らわれ、そのイメージに群がるマネージャーやグルーピーにより人として弱体化させられ、孤独になり、ドラッグで破滅し、音楽家としてもだめになっていくロサンゼルスの現状を、真摯に語っている。「イノセンスが失われる」とも語っているが、これはそのまま、イーグルスの曲“Hotel California”(一九七六年発売の同名アルバム収録)のテーマでもある。ドン・ヘンリーは、イーグルスの曲の全てに通じるモチーフは、音楽業界の仕組みにより失われたイノセンス、名声の危険性、アメリカン・ドリームに潜む暗闇の探求、愛と平和の六〇年代の終焉などだ、と言う。一〇〇年以上前のアウトローたちとロック・バンドである自分たちを重ねた理由については、どちらも社会の規範に属さず、金と女を集めながら、町から町へと旅したからで、ロック・バンドの名声とアウトローの悪名はどちらも、はかないものであることを理由に挙げている。

アメリカン・ロックを代表する一曲となった"Hotel California"の魅力は、歌詞よりもドン・フェルダーとジョー・ウォルシュのツイン・リードギターだと思うが、ギターのリフやコード進行など、曲のアイディアの多くは、ドン・フェルダーが考えた（後にこの曲のクレジットでもめたことや、フライとヘンリーがバンド内で独裁体制を敷いていたことについては、彼の自伝*Heaven And Hell: My Life In The Eagles, 1974-2001*に詳しい）。歌詞は、カリフォルニアの外から来たグレンとドン・ヘンリーが、カリフォルニアの映画文化やホテルなどの建築物を、街をドライブし、映画や劇を観て、徹底的にリサーチした上で書いた。チェック・アウトはできても、決して去ることはできないホテルに主人公が迷い込む、ゴシック・ホラーのような物語で、主人公が動くにつれて次々と恐ろしいことが判明する、映画のような曲を目指して書かれた。

ホテル・カリフォルニアでワインを頼むと、「そのスピリットは六九年から切らしております」と言われる。スピリットには、「酒」と六〇年代の「精神」をかけている。祝宴に集まった客がナイフで"beast"（野獣）を何度も突き刺すが、殺すことはできない。ドン・ヘンリーがレコード会社のことを、「"beast"（ときに"machine"）は、食わせてやっても絶対に満足しない」と幾度となくインタビューで語っていることから、"beast"はヒット曲を次々と作るようにバンドに求める、音楽業界のことだと思われる。このナイフは、歌詞で"steely knife"となっている。これは、スティーリー・ダンのウォルター・ベッカーが、家でイーグルスばかりかけるガールフレンドに腹を立て、"Everything You Did"（一九七六年発売の『幻想の摩天楼』収録）の歌詞に「近所中に聞こえるようにイーグルスのボリュームをあげろ」という一節を書いたことに対する、仕返しだ。世紀の名曲に内輪の小競り合いが含まれていて、おかしい。

大学で英文学を学んだドン・ヘンリーの歌詞が冴え渡る、『ホテル・カリフォルニア』最後の曲、"The Last Resort"の終末感はすごい。曲名は「最後の楽園」と「最終手段」、つまり他に選択肢がないことのダブルミーニングになっていて、中西部やテキサスからカリフォルニアに来ても、そこは天国ではなかったことが示唆される。"The Sad Café"（一九七九年発売の『ロング・ラン』収録）は、ジョー・ウォルシュとJ．D．が中心となり書かれた、トルバドールとダン・タナズの思い出を歌った曲だ。線路や電車が出てくるのは、当時サンタモニカ・ブルバードに路面電車が走っていたことを指している。"amazing grace"によって守られた場所、と歌われるのは、神の恩恵を受けた場所の意味の他に、オザーク高原出身のミュージシャンたちが、"Amazing Grace"を歌ったことを思い出しているのだと思われる。「悲しみのカフェ」に集まる孤独な者たち。一部の者の夢は叶い、ある者は去って行き、カフェに残された者もいる……。

わたしがイーグルスのメンバーで一番好きな、ランディ・マイズナーのことに少し触れたい。

ベース、ヴォーカル、ソングライティングで大きな貢献を果たした彼は、グループを一九七七年に脱退。隠れた名盤『ワン・モア・ソング』（一九八〇年発売。アメリカン・フライヤーのエリック・カズとの共作曲がいい）などのソロ作品を残す。日本では非常に愛されたアーティストで、日本独自のライヴ盤『ダラスからの伝言』（一九八三年発売）も出ている。近年は私生活でトラブルが続き、残念ながら一線から退いている。燃え尽きずにロード生活を送るのは難しい。「ガス欠でも、むなしくても、空腹でも、走り続ける」（"running on empty"）と歌ったジャクソン・ブラウンは、今でも、コンサート・ツアーを続けている――目の前にロードがある限り。

グレイトフル・デッド“Truckin'”
実に長く奇妙な旅だった

一九九七年、マンハッタンのアッパー・ウェストサイドを歩いていた時のこと。突然、巨大なジョン・レノンとオノ・ヨーコが目に飛び込んで来た。平和活動「ベッド・イン」の時の二人の写真をビルの壁一面に貼った広告だった。これほどジョンとヨーコが似合う街角もないなと思ったが、広告の角にアップル・コンピュータのマークを見て、複雑な気分になった。その四年前の九三年、ジェリー・ガルシアが日本のパルコのテレビコマーシャルに出ていた。グレイトフル・デッドの「顔」である彼は、ミュージシャンというより文化人か知識人のように見えた。なぜ二つの広告に対しもやもやした気持ちを抱いたのか、当時はわからなかった。振り返ればあのころから、音楽家であり、愛すべき奇妙なヒッピーだったジェリーやジョンが（ジョンは既に鬼籍に入っていたが）、作為的なカルチュラル・アイコンとして、大きなマーケティングに利用され始めたように思う。それは例えば、ヒッピー愛溢れるアイスクリーム屋さん、ベン&ジェリーズの「チェリー・ガルシア」とは、異なる次元に属するものだ。

Grateful Dead / American Beauty (1970)

一九九五年、ジェリーがドラッグのリハビリ施設で亡くなった時、わたしは東京で働いていた。会社に置いてあったアメリカの雑誌に掲載された一コマ漫画には、「過去三〇年間の経歴——デッドヘッズ」と書かれた履歴書を差し出す、スーツを着た男が描かれていた。グレイトフル・デッドのツアーにくっついて、ずっとロード生活を送る熱心なファンのことを、デッドヘッズと呼ぶ。教祖のようなジェリーが亡くなり、彼らは一体どうなるんだろう?と、遠いアジアの片隅から、デッドヘッズの身を案じた。

一九九七年にアメリカに引っ越した翌年、ジェリー・ガルシア・バンド改めJ.G.B.バンドを、バージニア・ビーチで観て、デッドヘッズがまだ存在するのをこの目で確認できた時は、嬉しかった。男女ともに髪が長く、肩の力が抜けた「脱力系」のデッドヘッズは、音楽に合わせてゆるく踊っていた。女たちはロングスカートを広げながら、くるくる回るヒッピー独特の踊りをしていた。ビーチからくる心地いい夜風に吹かれながら、不思議な浮遊感がありながらもファンキーなサウンドに酔いしれた。バンドと観客のヴァイヴが醸し出す全体的なゆるさが、夏の夜の海岸にとにかく似合っていた。

デラウェア州の歴史あるビーチ、メリーランド州の野生の馬が生息するビーチ、ノースカロライナ州のライト兄弟の初飛行の地近くのビーチ等、海水浴はお金のかからない手軽なレジャーだから、東海岸のビーチでよく遊んだ。その中でもバージニア州のバージニア・ビーチは、波は荒かったが雰囲気が一番良かった。ビーチ沿いにビートルズをテーマにしたダイナー、アビイ・ロード・パブ

&レストランがあり、海水浴に訪れている客は人種が入り混じっていて、快適だった。メインのビーチの隣のビーチは、アフリカン・アメリカンの若者ばかりで、若くて美しい女の子と男の子が波で戯れる様は、キラキラと輝きながら、わたしの瞼の裏に鮮やかなイメージを残した。

バージニア・ビーチでは、毎年夏に海岸で音楽フェスをやっているらしく、太陽の下、ビーチに設置された巨大なステージでウォーとドゥービー・ブラザーズを観た。アメリカの市町村主催の音楽フェスは、無料か格安で参加できるものも多い。シカゴで参加したブルース・フェスティバルやゴスペル・フェスティバルは無料だった。メリーランド州のロックビル市に住んでいた時は、入場無料のロックビル祭りで、リック・スプリングフィールドを観た。駐車場を仮設の会場にして、リックがバラの花束をがーん！とギターに叩きつける。それを見たおばさんおよびおばあさんたちが、「ぎゃー！」と歓声をあげるなか、うちの子どもたちはコンクリートの上でぐーぐー寝ていた。ウォーとドゥービー・ブラザーズは入場料一ドルで、夕方行われたアトランタ・リズム・セクションと、夜のJ.G.B.バンドは、無料で観ることができた。マイケル・マクドナルド以前のドゥービー・ブラザーズも好きだが、ビーチに似合うのはやっぱり"What a Fool Believes"。マイケルのヴォーカルではなかったけれど、足に砂、手にはビール、ステージ越しに見える広い空と青い海。これ以上望むことは、何もなかった。

アメリカではヒッピーを今でも普通に目撃する。男女とも髪の毛が長くて、こざっぱりした身なりではないから、見ればすぐにわかる。ヨーロッパのヒッピーも、アジアのレイドバックしたり

バージニア・ビーチでのライヴ（1998年撮影）

ゾート地に行くと、いる。中国の桂林に行ったら、ヒッピーのバックパッカー向けの、カフェや土産物屋が並ぶ一帯があり、見るだけで楽しかった（北京オリンピック後は、変わってしまったらしい）。日本のヒッピーを見てみたいとずっと思っていた。業界によくいるヒッピー・スピリットをなくした元ヒッピーではなく、現在進行形のヒッピーだ。

一九九六年に富士山で夜通し行われ、日本の大型野外音楽フェスの先駆けとなったテクノの祭典、レインボー2000で、思いがけず一度だけ遭遇できた。大きなテントの中にいたら、端がちょっとくずれた。それを直し終えた人々が、円陣を組んで反省会を始めた。真面目に話し合う男女のグループは、絞り染めを着た「ワナビー系」のヒッピーではなく、地味な色のゆったりした服を着た、ガチな「コミューン系」のヒッピーだった。富士山麓にヒッピーのコミューンがあり、フェスの運営をしているというのは、話には聞いていた。これが本物かと思い、伝説のこびとコロボックルに出会えたような気分になった。

その前年くらいに、レインボー２０００に連れて行ってくれた同じ友人が、新宿リキッドルームでのサイケデリック・トランスのパーティ（当時はレイヴと呼ばれていなかった）に連れて行ってくれた。客がみんな水のペットボトルを首から提げ、一斉に前方のスクリーンに向かって走るような踊りを続けるのを見て、新宿のロック喫茶ローリング・ストーンの店外で、酔っ払って殴り合いの喧嘩をするロック・ファンの方が、よっぽど健康的では？とは思ったが、ロックばかり聴くわたしの耳にも、音楽はかっこよく感じられた。無国籍なリズムや、音のループによる高揚感、画面で曼荼羅模様のようなサイケデリックな映像を見続けてハイになる仕組みなどから、サイケデリック・ロックがトランスにつながっていったのは、なんとなく想像できた。本書執筆にあたり色々調べていて、一九九六年のレインボー２０００は、ジェリー・ガルシアの一周忌だったこともあり、デッドヘッズも多く参加していたことを知った。六〇年代後半のサイケデリック・ムーヴメントにおける西海岸の雄だったグレイトフル・デッド。それから三〇年の時を経て、東洋の山間で行われたフェスに、そのスピリットが受け継がれていたとは、面白い。

コメディ番組『マペット・ショー』に出てくる、Ｄｒ．ティース（モデルはドクター・ジョン）率いるヒッピー・バンドのエレクトリック・メイヘムが、子どものころから大好きだ。演奏はタイトでファンキーなのに、「バンドは宇宙とつながっている」「スピリチュアルに自立した自分は、自分であり自分でない」など、現実離れしたヒッピーの戯言を口にし、オーガニック食品を食べる。自然を愛し、エゴを取り去った隣人愛を追求し、LSDまたは瞑想により宇宙レベルに意識を高めるといった、ヒッピー哲学を知っていると、すごく笑える。エレクトリック・メイヘムが乗っている、カラフルなペイントを施されたバスのモデルになったのが、ヒッピー・コミューンだったメリー・プランクスターズのバスだ。

『カッコーの巣の上で』(一九六二年)の作者ケン・キージー率いるメリー・プランクスターズは、ジャック・ケルアックの『路上』(一九五七年)の映画版を撮ろうと考え、『路上』の登場人物、ディーン・モリアーティのモデルだったニール・キャサディを運転手に、サイケデリックにペイントされ、ファーザー("Further"「遠くへ」の意味)と名付けられたバスに乗り、行く先々で若者を集めてLSDパーティをしながら、カリフォルニアからNYを目指す。バスにバンドや仲間が大勢乗った様子を映画にするコンセプトは、ビートルズの映画『マジカル・ミステリー・ツアー』(一九六七年)のアイディアの元となったと言われている。

グレイトフル・デッドのボブ・ウィアは、二度目のビートルズのコンサート(一九六五年と思われる)をサンフランシスコで観た後、駐車場に停められたメリー・プランクスターズのバスに出会ったと言っている。このころカリフォルニア州ではLSDがまだ合法だったとはいえ、ビートルズのファンの年齢層の低さを考えれば、恐ろしい話だ。ほどなくしてグレイトフル・デッドは、メリー・プランクスターズの主催するLSDの布教と実験のためのパーティ、アシッド・テストで演奏するようになる。本書の前半で触れたように、ロックと自由とドラッグを求めて全米から若者がサンフランシスコのヘイト・アシュベリーに移住。グレイトフル・デッドも、ヘイト・アシュベリーのヴィクトリアンハウスで共同生活を送り、有名になり過ぎてその家に住めなくなってからも、家族やスタッフ、ファンとともに大きな共同体を形成して、三〇年近くにわたりロード生活を送り続けることになる。

ジョージ・ハリスンは、ヒッピーの理想郷を夢見て一九六七年にヘイト・アシュベリーを訪れ、ドラッグ中毒の浮浪児で溢れる街の現実に失望する。それでもビートルズは、ヒッピーの理想主義に基づく会社アップルを設立し、メンバーやスタッフが一緒に暮らし、子どもたちのための学校まで併設するコミューンを、イギリスで作る計画を立てる。共同体の実現には至らず、バンドも解散してしまうのだが、ビートルズはビジネスとしてあまりに成功してしまったので、彼らを渦巻く金とエゴにより、コミューンを作っても維持するのは難しかったろうと想像する。『ローリング・ストーン』誌一九六九年八月二三日号のグレイトフル・デッド特集に、音楽業界とコミュニティについての興味深い記載があったので、内容の一部を要約し、以下に記す。

六六年以来、ロックンロールの全てがサンフランシスコに集まり、その吸引力と互角に張り合えたのは、メンフィスとナッシュビルだけだった。この三都市の共通点は、街の規模が小さく、地元のミュージシャンは意図的に外部を遮断し、地域のライフスタイルを反映した、独自の音楽を創ることだ。ミュージシャンたちは、かつてジャズメンがニューオーリンズとセントルイスとカンザスシティに引き寄せられたように、この三都市の音楽と雰囲気に惹かれ、そこら中から集まった。ロックンロールはいつだって地方に住む底辺の者の音楽だったが、成功すればロンドン、NY、ロスといった音楽業界のマシーンの本拠地に移ることになる。マシーンは、スターの地域性を薄めるか、逆に強調してそれを「売り」にした。ロックスターになるには下町出身でなければいけない法則を生み出したのはビートルズだが、彼らは、最もファンから遠い存在になりながらも、同時に、ファンが個人的な知り合いのように、最も親しみを感じられる存在になった。サンフランシスコは、初めて実際に、ファンとスターが一対一の関係を築き、コミュニティとして音楽を一緒に創ることを可能にした。ロックスターとファンは対等で、この地で成功するには、ミュージシャン自身が大きくなりマシーンに吸収されるのではなく、コミュニティを大きく広げさえすれば良かった。

記事では続いて、サンフランシスコのロック・シーンの急激な拡大により、富と名声によりエゴを刺激された若きミュージシャンたちが、結局はマシーンに取り込まれ、コミュニティが形骸化したこと。フォークと違いロックは、アマチュアリズムの成立しない音楽で、マシーンも含めて存在するものだから、それは避けられなかったこと。その中で唯一、グレイトフル・デッドが、成功と失敗を繰り返しながらも、商業とコミュニティの両立を果たしていることが、報告されている。

既に失速していたサンフランシスコ・シーンの崩壊は、この記事から四か月後のオルタモントの悲劇により、始まったと言われている。サンフランシスコ郊外で行われたローリング・ストーンズ主催のコンサートで、グレイトフル・デッドの提案により警備に雇われたヘルズ・エンジェルス（アメリカの暴走族）が観客を殺し、四人の死者が出る結果となった。ヘルズ・エンジェルスとサンフランシスコの結びつきは強く、地元のロック・バンドだけでなく、ビート詩人ともつながりがあった。ヘルズ・エンジェルスは、メリー・プランクスターズとともに、招かれざる客として、ロンドンのアップルのオフィスにビートルズを訪ねている。

ヘルズ・エンジェルスには、一度遭遇したことがある。前座をZZトップが務めたエアロスミスのコンサートを観た時のこと。Tシャツを買おうと列に並んだ夫の後ろに、ヘルズ・エンジェルスのメンバーが立った。ヘルズ・エンジェルスも行儀良く並んでマーチャンを買うんだ、と二人で笑ったが、あのコンサートは、警察に後ろ手に手錠をかけられている若者がいたりして、やや物騒だった。

デッドヘッズがロード上で共同体を形成した場の一つに、テールゲート・パーティがある。アメリカでは、スポーツのゲームやコンサートがアリーナやスタジアムで行われる場合、駐車場に停めたトラックやSUVの荷台をテーブルや椅子代わりにして、バーベキュー・グリルまで持ち込み、仲間とパーティをする。そのために、コンサートの数時間前から駐車場が開放される。デッドヘッズは駐車場で、コンサートを録音したテープの交換をし（会場内に録音エリアを設けるなど、バンド公認のこの行為により、ファンの数が増え続けることになる）、絞り染めのTシャツなどのグッズを売ることにより、バンドのツアーを追いかけ続ける資金を得た。八〇年代に入ってから規模がどんどん大きくなり、遅れてきたヒッピー幻想に浮かれ、ヒッピー哲学を理解しない一部の新しいデッドヘッズにより、テールゲート・パーティが荒らされてしまう。

長年にわたりロード生活を続けたグレイトフル・デッドのタフなスピリットを表す曲が、一九七〇年のアルバム『アメリカン・ビューティ』収録の"Truckin'"だ。アメリカ議会図書館が九七年にこの曲を国宝に認定したらしいが、アメリカン・カルチャーにおいて重要な曲であることは、間違いない。曲名の"Truckin'"は、ロバート・クラムが六八年に発表した漫画*Keep On Truckin'*からきている。ブルースの曲"Truckin' My Blues Away"からインスピレーションを得たこの漫画には、男たちが一列に大股で歩くイラストが描かれている。"Keep On Truckin'"の言葉は、「あきらめるな」「やり続けろ」といったポジティヴなイメージで、このイラストとともに、ヒッピーの合い言葉として幅広く使用された。

"Truckin'"は、ジェリー、ボブ、フィル・レッシュ、グレイトフル・デッドの歌詞の多くを担当した詩人のロバート・ハンターの共作で、歌詞はロバートを中心に書かれた。ロバートがツアーに同行するようになり、曲作りの質が向上したそうだ。サンフランシスコから一番遠いNY州のバッファローまで、"truckin' up"（進み続ける）と歌われ、他にもアメリカの地名が沢山出てくるが、全国をツアーし、疲れてどこがどこだかわからないほどになったらしく、「メイン・ストリートには、

ネオンサインが　シカゴ、NY、デトロイト　どこに行ったって同じさ」と歌われる。リード・ヴォーカルはボブが務めている。彼によればこの曲には、アメリカの若い男にとり通過儀礼だった「ロード」のロマンと、トラブルに巻き込まれながらも楽しくロード生活を続け、バンドのみんなが本物の男になっていく、自伝的なストーリーが描かれているそうだ。

歌詞にはドラッグの隠語も沢山出てくる。ニューオーリンズの繁華街フレンチ・クオーターにあるバーボン・ストリートに泊まっていた時に、ドラッグ所持の疑いで、メンバー全員がホテルの外に並ばされて、手錠をかけられた事件についても書かれている。この一件は、ニューオーリンズがヘイト・アシュベリー化するのを恐れた地元警察が、見せしめのために行ったと言われている。

ロード生活を詩にしたためた、とフィルが語っていることからもわかるように、"Truckin'"には、アメリカン・ロックで最も有名な一節の一つが登場する。"What a long, strange trip it's been"（実に長く奇妙なトリップだった）――ドラッグの「トリップ」と「旅」をかけた、このバンドをたった一文で言い表したかのような、名文だ。曲の最後では、カリフォルニアに向かって"truckin'"し、家で身体を休めると、再び"truckin'"の旅に出ると歌われ、この先も長い長いロードが続くことが示唆される。

ピュア・プレイリー・リーグ“Two Lane Highway”
二車線ハイウェイは、アメリカの心

アメリカでハイウェイと呼ばれる道路には、かなり幅広い種類の道路が含まれる。一般道から出入りするランプがあり、車線数が多く、高速で運転できる、日本の高速道路のイメージに近いフリー・ウェイやエクスプレス・ウェイ（地域によって呼び名は様々）も、ハイウェイの一種だ。ハイウェイにはまた、街と街をつなぐ幹線道路というだけで、信号のある一般道もある。そんなハイウェイの中で、旅情や郷愁を誘うのが、2レーン・ハイウェイだ。片側一車線ずつ両方向の道で、分離帯は無く、場所によっては対向車線に気をつけながら、追い越しすることもできる。何車線も並び防音壁があるようなハイウェイよりも、景色を眺めながらのんびり走ることができる。

一九七一年の映画『断絶』は、カリフォルニアからニューメキシコにかけてのルート66で撮影された、シンガーソングライターのジェイムス・テイラーとザ・ビーチ・ボーイズのデニス・ウィルソン主演のロード・ムービーだ。『断絶』の原題“Two-Lane Blacktop”の“blacktop”は「アスファルト」だから、「二車線舗装道路」の意味になる。

Pure Prairie League / Two Lane Highway (1975)

イーグルスのドン・ヘンリーは、カーステレオでデモ・テープを何度も視聴し、歌詞の多くを運転中に思いついた。現在のロック市場では、スマート・フォンで聴くのに適したサウンドが好まれるが、少し前までは、カーステレオからの聞こえがいい曲が、アメリカン・ロックにおけるヒットの秘訣だった。二〇一一年の夏休み、近くのプールで遊ぶのに毎日車を出した。我が家の子どもたちは、その年にアメリカで大ヒットしていたＬＭＦＡＯの"Party Rock Anthem"をラジオでかけて、車内で大合唱していた。本書で選んだ曲は、車をドライブする気分で聴くのにごきげんな曲ばかりだが、ピュア・プレイリー・リーグの"Two Lane Highway"が似合うのは、一九七五年発売の同名アルバムのジャケットのような、"open road"（長いこと町が出現しない所を通る、見晴らしのいい道路）や、高校のフットボール・フィールドが遠くに見えるような、のんびりした田舎道だ。

この曲が似合わないのは、例えばニュージャージー・ターンパイク。ニュージャージー州を縦断するこのハイウェイは、大都会マンハッタンを目指す人の多くが通り、交通量が多い。わたしだったら、ブルックリン出身でニューヨーク市警察の研修を受けた（警官の手前でやめた）エディ・マネーのアルバム、『ライフ・フォー・ザ・テイキング』（一九七八年）あたりを聴きたい。ニュージャージー・ターンパイクは、サイモン&ガーファンクルの"America"（一九六八年発売の『ブックエンド』収録）に出てくる。歌詞では、二人の恋人がペンシルベニア州のピッツバーグからグレイハウンド・バスに乗り、マンハッタンを目指す。主人公は、ニュージャージー・ターンパイクで車を数えながら、「みんなアメリカを探しに来たんだな」と歌う。

この若いカップルが、ピッツバーグから乗ったハイウェイはペンシルベニア・ターンパイクで、途中でニュージャージー・ターンパイクに乗り換える。この同じルートを五〇年代にたどったのが、チャック・ベリーだ。一九五六年のシングル"You Can't Catch Me"にも、ニュージャージー・ターンパイクが出てくる。歌詞では、ニュージャージー・ターンパイクで他の車とレースをする主人公が、パトカーに捕まりそうになる。すると突然、車に羽根が生え、「バイバイ、ニュージャージー！」と空から叫ぶ。車に関する用語の音の響きも楽しい、ため息が出るほどに最高の歌詞だ。映像ではチャックが物語を全身で表現していて、わかりやすい。チャックがニューヨークからセントルイスまで車で帰る途中、ニュージャージー・ターンパイクからペンシルベニア・ターンパイクにかけて、ホットロッドのような改造車とレースになった時の体験が元になっている。

子どものころ、チャックと同じルートでセントルイスからニューヨークまで、車で行ったことがある。ニュージャージーに住む親戚を訪ねがてら、ワシントンD.C.やナイアガラの滝も含む、東海岸を家族でロード・トリップした。大都会ニューヨークに近づいた時の、西日の差すハイウェイを今でも鮮明に覚えている。なぜなら、途中どこの町からだったか、六時間トイレを我慢した新記録だったから！　大人になってからは、数え切れないほどニュージャージー・ターンパイクを走った。D.C.に住んでいた時は、運賃は安く、清潔でスケジュール通り運行する、正統派ユダヤ教徒の運営するバスでもよく往復した。マンハッタンでは、顔の横にくるくるした巻き毛をたらし、黒いつば付き帽子をかぶる彼らが待っているので、乗り場を見つけやすい。

ピュア・プレイリー・リーグに話を戻す。オハイオ州出身のこのバンドは、地道にコンサート・ツアーを行ったバンドで、彼らの代表曲“Amie”（一九七二年発売の『バスティン・アウト』収録）も、ロード生活による口コミからヒットにつながった。同じく『バスティン・アウト』収録の“Angel No.9”は、本アルバムに参加したミック・ロンソンによるカヴァーでお馴染みだが、オリジナルもとてもかっこいい。この二曲のソングライターであったクレイグ・フラーは、二枚目のアルバムを発表後、徴兵を拒否したため投獄されてグループを脱退。クレイグはその後、アメリカン・フライヤーに加入。エリック・カズと名盤『クレイグ・フラー／エリック・カズ』（一九七八年）を出した後、リトル・フィートに加入している。

『ツー・レーン・ハイウェイ』は、主要メンバーのクレイグが脱退した後のアルバムではあったが、いなたいゆるさの心地よい、ロード・ソングの多い佳作だ。ライヴ盤『テイキン・ザ・ステージ』（一九七七年）も、老若男女問わず楽しめる、彼らの魅力を堪能できる。後にカントリー・ミュージックで大成する、ヴィンス・ギルが加入した後のピュア・プレイリー・リーグは、AORテイストのアルバムを三枚出しており、こちらもドライブ向きの気持ち良さだ。

2レーン・ハイウェイが俺をホームへと運んでくれる、と“Two Lane Highway”で歌われる。わたしを運んでくれた2レーン・ハイウェイのうち、心の中で最も大きな面積を占めているのが、シカゴから何度も通った、友人の住むイリノイ州ロック・フォールズに向かう途中の、トウモロコシ畑が延々と続く中を走る道だ。夫がノースウェスタン大学のロースクールに通っていたころ、大学が留学生のために、サンクスギビングの休暇を使ったホームステイを企画してくれた。

ロック・フォールズは、ラストベルトに属する、決して豊かではない田舎町だ。シカゴから車で二時間のこの町の住人は、九〇パーセント以上が白人。初めて訪れた九〇年代は、マクドナルドも無かった。その小さな町は、バスで到着した二〇人ほどの外国人学生を数日間、町をあげて歓迎してくれた。高校で住民とポットラック（持ち寄り）・パーティ。地元のラジオに出演し、アンティーク・モールでのショッピングも楽しんだ。カールとアン夫妻、娘二人のいるお宅にホームステイした。アンはターキーや沢山の付け合わせの、サンクスギビング・ディナーの準備を手伝わせてくれ、近所の人々も一緒に、ごちそうを囲んだ。

その中の一人の女性は、B.B.キングのバック・シンガーをしていたことがあり、カールは彼女の伝手でB.B.に会い、その時の2ショット写真と、シカゴのクック郡刑務所でB.B.が収録した一九七一年の『ライヴ・イン・クック・カウンティ・ジェイル』のサイン入りアルバムを、額に入れて飾っていた。カールとは、お互いロックとブルースの熱心な愛好家であることに驚き（夫はブルースに詳しい）、あっという間に打ち解けることができた。ファミリー・ルームはカールのレコード部屋のようになっていて、天井まであるレコード棚、大型トランク一杯のCD、壁には趣味の野鳥の写真や、ネイティヴ・アメリカンの工芸品が沢山飾られていた。

その後も何度もロック・フォールズを訪れ、カールとアンの家に泊まらせてもらった。行く度に大勢の人々を紹介してくれたが、みんな静かで落ち着いていて暖かく、声高に何か主張するような人はいなかった。ハートランドと呼ばれる、アメリカ中西部のイメージそのものだった。その中の一人、ノースウェスタン大学との留学生受け入れを企画したドレッタは、D.C.に引っ越したわたしに、国際支援のNPOの受付兼リサーチャーの仕事を紹介してくれた。事務員はNPOを次の仕事のステップアップとしか思っていない人々で、都会の人間関係はギスギスしていた。ドレッタがD.C.に出張に来て、数日間その事務所で仕事をした。大好きな優しい彼女が、少し緊張しているように見えた。

アンとカールは、家族で通うロック・フォールズの教会にも連れて行ってくれた。D.C.では、大切な親友（日本人とブラジル人の夫妻）の自宅で行われるクリスチャンの家庭集会に、毎週通っていた。ロック・コンサートのようにエンターテインメント性の高いメガ・チャーチ、ハーレムのゴスペル・チャーチ、ユダヤ教の結婚式、メシアニック・ジュダイズム（キリスト教とユダヤ教を合体させた宗教）の葬式など、アメリカでは様々な宗教の現場に参加した。ロック・フォールズの教会は、「人道的」精神に基づく押しつけがましさもなく、素朴で真面目で、淡々としていて、とても良かった。

一〇年前に子ども二人を連れて行った時は、魚釣りに連れて行ってくれたりと、毎回、町中を案内してくれた。ロック・フォールズは、竹内まりやが、高校生の時に一年間留学していた町だ。彼女から送られたレコードを住民みんなで聴いたらしく、カールはロック川を指して、「この川も彼女の曲に歌われているんだよ」と教えてくれた。調べたら、竹内まりやのアルバム『PORTRAIT』

（一九八一年）収録の「ポートレイト～ローレンスパークの想い出～」に、ロック・フォールズの公園、ローレンスパークが出てくる。この公園は、ロック川の中州になっていて、日本の地方都市にあるような、とても地味な公園だ。

ロック川とローレンスパークを通る橋を、犬を散歩させながら歩いていた時のこと。対岸の町ステーリングにある工場を指して、カールがぽつぽつと説明してくれた。このあたりでは工場に勤めるか、ディスカウント・ストアのターゲットで働くしか、将来の選択肢がないこと（長女サラは、ターゲットで働いていた）。自嘲気味でもなく、卑下するでもなく、ただ淡々と教えてくれた。幼稚園の先生をしていたアンは、園児の親にもドラッグ中毒者がいると教えてくれた。ラストベルトの現実は厳しそうだった。

次女のジェニファーは、高校を卒業したら寒いイリノイ州を離れて、絶対に暖かい土地に引っ越すと言っていた。フロリダの大学に進学し、結婚をして子どももできたが、しばらくすると新しい家族を連れて、ロック・フォールズに戻ってきた。チープ・トリックの出身地ロック・フォードは、ロック・フォールズから一番近い都会で（といっても田舎町）、メンバーのリック・ニールセンは、今でもこの地に住んでいる。

カールとアンが、D.C.のわたしたちの家に遊びに来てくれることになった。初めて訪れる首都を楽しみにしていて、「もう少しで会えるね」と言っていた矢先、サラの娘がパパの家で（離婚していた）、パパが運転する芝刈り機に巻き込まれ、大怪我を負ってしまう。何度も繰り返された難しい手術。その一つ一つを、家族で乗り越えていた。

カールは郵便局員だったが、出会ってから一〇年くらいして、パーキンソン病が進行し、郵便配達がうまくできなくなった。会いに行くと、歩行器でいつものように近所を案内してくれた。わたしたちが九年前に日本に帰国してから、亡くなったと知らせが届いた。今でもカールのレコード部屋を思い出す。貧しすぎず、豊かすぎず、必要が満たされるだけのわずかなお金があり、精神的に豊かな、落ち着いた生活が幸せの秘訣だと、彼に教わったように思う。

第7章

年老いてなお、風に逆らい走り続ける

ルート66＝カリフォルニア州ロスアンゼルス

サンタモニカ、ルート66の終点近く（1998年撮影）

砂漠地帯を過ぎると椰子の木が並び始め、車窓から見えるビルボードの数も、ハイウェイの車線数も格段に増え、大都会ロスアンゼルスに到着。ルート66の終点のサインが立つサンタモニカ・ピアには、輝く太陽とビーチ。まさにカリフォルニア。ロックスターを夢見て、南部や中西部からやってきた若者がまず向かう先は、サンタモニカ・ブルバードとサンセット・ブルバードに並ぶ有名クラブだ。オクラホマから来たミュージシャンたちを迎え入れた男の、ロードでの晩年。ダストボウルの吟遊詩人ウディ・ガスリーに憧れたボブ・ディランは、今でも放浪の歌を歌い続ける。二〇一六年にノーベル文学賞を受賞した彼も、中西部出身だ。同じく中西部出身であるブルーカラー詩人の見たハリウッドとは？　町外れの裏街道とともに、アメリカン・ロックの源泉となる「路地裏」のある、魅力的な北東部の街を紹介。旅の終わりは、新たな旅の始まりでもある。次のロードには、どんな物語が待っているのだろう？

アサイラム・クワイア“Welcome to Hollywood” ようこそ！　中西部の子どもたち

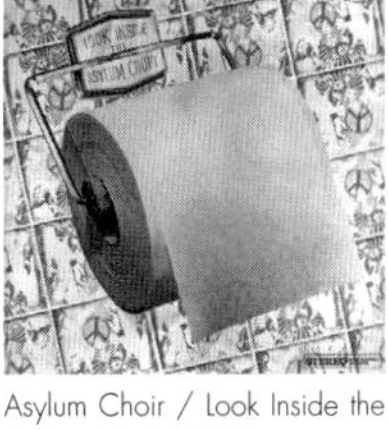
Asylum Choir / Look Inside the Asylum Choir (1968)

車を持っている奴がいれば、そいつの車に乗り合い、オクラホマからルート66を走り、にぎやかにファンキーにカリフォルニアに到着！『怒りの葡萄』のオーキーとは大違いだ。一九六〇年代、成功を夢見てロサンゼルスに移住した、オクラホマのミュージシャンたちが転がり込んだのは、レオン・ラッセルの家だった。レオンの曲“Shootout on the Plantation”（一九七〇年発売の『レオン・ラッセル』収録）には、「オクラホマの孤独なカウボーイたち“Tinseltown”（金ピカの町。ハリウッドのこと）にたきつけられて」の一節が出てきて、女をめぐってミュージシャンたちが、レオンの家で喧嘩する様子が描かれている。

一九五九年、高校の卒業式の次の日に、オクラホマ州タルサからロスに向かったレオンは、ハリウッドの安モーテルに住み、色々な現場に顔を出してセッション仕事をもらう。レッキング・クルーと呼ばれた腕利きのセッション集団に属し、プロデューサーのフィル・スペクターの仕事で、数々の有名曲で演奏し、セッション・マンとして成功する。ティーン向けテレビ音楽番組『シンディグ!』のバックバンドに加わり、バンドのギタリストだったジェームズ・バートン(ベーカーズフィールド・サウンドに貢献し、七〇年代にはエルヴィス・プレスリーのサウンドの中核を担った)にギターの手ほどきを受ける。後にデラニー&ボニーで共演することになる、ボニー・ブラムレットとデラニー・ブラムレットと親しくなったのも、この番組だ。ちなみにボニーが音楽を始めるきっかけとなったのは、イースト・セントルイスでアイク&ティナ・ターナーを観たから。彼女はセントルイスのガスライト・スクエアで歌いまくった後で(黒人の扮装をして三日間だけ、アイク&ティナ・ターナーのアイケッツを務めたこともある)、カリフォルニアに来たというわけだ。

レオンは、ハリウッド・ヒルズにある自宅(住所は7709スカイヒル・ドライブ。テーマ・パークのユニバーサル・スタジオ・ハリウッドの近く)を六五年に改装し、スカイヒル・スタジオと名付けた自宅スタジオを作る。この家には、彼を頼ってオクラホマから来たミュージシャンたちが床で寝泊まりし、オクラホマ出身のJ・J・ケイルは、スタジオのマネージャーも務めた。このスタジオでオフィシャルに行われた最初のセッションは、レッキング・クルーのメンバーでもあったグレン・キャンベルのものだった。そのセッション中は、車やバイクが何台も家の前に停められ、昼夜問わず爆音で音楽が聞こえるので、近所の人々はヘルズ・エンジェルスが住んでいると思ったそう。

レオンはスカイヒル・スタジオを一九七二年に売ってしまったが、当時の内装そのままの様子が、現在ネットで見られる。水色や黒一色のバスルーム、紫やピンクの部屋、ターコイズ・ブルーのカーペット、ショッキング・ピンクの家具など、キッチュでファンキーな悪趣味に溢れていて、最高だ。レオンのアルバムは、アートワークが凝っていて（アナログ・レコードでの入手をお勧めする）、この家の内装のように、派手で風変わりなものが多い。このスタジオでは、『レオン・ラッセル』もレコーディングされたがボツになり、グリン・ジョンズの手でロンドンのオリンピック・スタジオやロスの他のスタジオでレコーディングし直したセッションには、ビートルズやローリング・ストーンズのメンバーも参加した。

レオンとテキサス出身のシンガーソングライター、マーク・ベノのユニット、アサイラム・クワイアの『ルック・インサイド・ジ・アサイラム・クワイア』（一九六八年）も、トイレット・ペーパーが、どかーんと写るジャケットで（当時不評だったらしい）、内ジャケットには女装したレオンとマークが何人もいるなど、中身の音やレコーディングしたスカイヒル・スタジオと同様に、サイケデリックな魅力に溢れている。

断片的なイメージの連続と、シュールなユーモアの盛り込まれた曲名や歌詞は、時代を感じさせる。目立つのは様々なSE（効果音）で、ハリウッド風を目指したのかもしれないが、テキサスとオクラホマ出身である二人の、南部臭を隠すことはできない。ディズニーランドに作り物の南部を再現したアトラクションがあるが、L.A.のディズニーに、偽物を装った本物の南部が出現してしまった感じだ。

マーク・ベノは、七〇年代に多くの名作を残している。名盤とされる『雑魚』（一九七一年）と『アンブッシュ』（一九七二年）、"Family Full of Soul"が入っている『マーク・ベノ』（一九七〇年）や、

“Lost in Austin”と“Chasin' Rainbows”が入っている『ロスト・イン・オースティン』（一九七九年）もいい。

“downhome”（南部の田舎風）という言葉がぴったりなオクラホマ出身のミュージシャンたちの音楽は、ロスアンゼルスで華やかに整えられる。そりゃみんな憧れるわけで、エリック・クラプトンやジョージ・ハリスン、ジョー・コッカー、デイヴ・メイソンなどのイギリス勢も巻き込み、デラニー&ボニー、デレク・アンド・ザ・ドミノス、マッド・ドッグス&イングリッシュメン、バングラデシュ・コンサート等、ライヴ、ツアー、アルバム、映像として結実する。ロスでは、ローレル・キャニオンのシンガーソングライター勢がいる一方で、同時期にレオンを中心とした南部のサウンドが花開く。

アルバム『ルック・インサイド・ジ・アサイラム・クワイア』の冒頭を飾る“Welcome to Hollywood”は、「ようこそハリウッドへ！　中西部の息子や娘たち！」と、ロックスターを夢見てハリウッドにやって来た同胞を迎える歌詞になっている。歌い手はまだ売れないミュージシャンのようで、「ようこそ！」と言った舌の根も乾かぬうちに、「二五セント貸してくれない？」と頼んでいる。公衆電話、コインランドリー、バスに乗るのに二五セント硬貨が必要だった時代は、細かいお金が無いのを装い、二五セントをせしめる輩がアメリカの都会にはよくいた。

ロスの音楽業界をギャンブルのイメージで捉えていて、スター志望の若者をゲームの「プレイヤー」に、新たな才能で一儲けをもくろむたかり屋を「ディーラー」に喩えている。トルバドールなどの店には、次のスターを狙って様々な怪しい人物が出入りしていた。「米国テレビ・ラジオ芸能人組合から支払いをもらえない」なんて言葉や、車で次々と到着する観光客や、サンセット・ストリップも歌詞に出てきて、ハリウッドの様子が目に浮かぶよう。ロスには何度も行ったが、ハリウッドには一度だけ泊まったことがある。改装前の古い棟は宿泊費が安かったこともあり、ハリウッドのランドマーク的存在である、一九二七年開業のルーズベルト・ホテルに泊まった。マリリン・モンローの亡霊が出ると噂だったが、そんな雰囲気だった。

ハリウッド・シアターや、ハリウッド・ウォーク・オブ・フェームなど、映画ファンにはルーズベルト・ホテル周辺がお馴染みだが、ロック・ファンがハリウッドに来たことを実感するのは、サンセット・ストリップだ。サンセット・ブルバードの一部、サンセット・ストリップには、派手なビルボードが乱立し、ウイスキー・ア・ゴーゴー、レインボー・バー・アンド・グリル、ロキシー・シアターなど、ロックの歴史上重要なクラブやレストランが建ち並ぶ。L.A.メタルの最盛期、わたしは日本の中学と高校に通いながら、それらの店に行くことを夢見た。

わたしがレオン・ラッセルを好きになったきっかけは、ジョージ・ハリスンではなく、エドガー・ウィンターだ。レオンとエドガーは、数年間一緒にツアーしていた。ヴォーカリスト、ソングライター（カーペンターズでも有名な"This Masquerade"や"Superstar"、"A Song for You"も彼の曲だ）、ピアニスト、ギタリスト、プロデューサーであると同時に、ショウマンでもあるレオンは、ゴスペル・チャーチの牧師のように存在感がある。バングラデシュ・コンサートの音源を聴けばわかるが、その場の雰囲気を全部持って行ってしまい、彼の周りにいると、どんなスターでもかすんでしまう。彼の音楽が作り出す高揚感は、ほぼ宗教体験だ。

レオンのライヴは日本とアメリカで観たが、最後に観たのは二〇〇八年で、ブルー・オイスター・カルトが前座だった。ワシントンD.C.のストリート・フェアで、祭りの入場料五ドルを払えば、誰でも観られるライヴだった。テントで行われたライヴは満席ではなく、客は五〇人程度しかいなかったと思う。とうの昔にダーティ・ブロンドから真っ白な白髪になった長い髭と髪は変わらず、声とピアノの腕も健在だった。ただただ大好きなレオンを目の前で観て、聴けることが嬉しかった。

二〇一〇年に発売されたエルトン・ジョンとレオン・ラッセルのアルバム『ザ・ユニオン』は大ヒットし、忘れられたスター、レオンがカムバックしたと、大きな話題になった。わたしが毎日見ていた、テレビのトークショー番組「ザ・ビュー」(ウーピー・ゴールドバーグやバーバラ・ウォルターズがホスト)にも二人は出演。レオンに向かって出演者の一人が、「レオン〜今までどこに行ってたの?」と聞くのを見ていたわたしは、テレビの前で怒りの拳をふりあげ、「ずっとロードにいたんだよ!」とつぶやいた。

二〇一一年にロックの殿堂の授賞式(サイドマン向けの賞だった)で、エルトンと壇上に並んだレオンは、次のようなスピーチをした「一年前にエルトンが探し出してくれた時は、人生のハイウェイの横にある溝にはまっていた。彼は大勢の観客を前にした高いステージに上げてくれ、王様のように扱ってくれた」。その言葉を聞いてエルトンは泣き、セレブリティの客も泣いていた。わたしも泣いたが、複雑な気持ちだった。ずっと現役でツアーに出ていた彼を誰も認めていないように思えた。アリーナで演奏しようが、テントの中で演奏しようが、ファンにとっては、大好きなアーティストを観られる嬉しさには変わらないが、アーティスト自身は落ちぶれたと思っていたこと。それに気づけなかった申し訳なさや、なんとなく寂しい気持ちもあった。

レオンは二〇一六年、ナッシュビルの自宅で病気のため七四歳で亡くなる。彼を好きになって三〇年以上経つが、その気持ちは今でも変わらない。タルサにあるピアノの形をしたレオンの記念碑を、いつか訪れる日を楽しみにしている。

ボブ・ディラン "Dreamin' of You"
幸せとは、ロードそのものだ

"Happiness isn't on the road to anything. Happiness is the road."

二〇〇四年に発売された、ボブ・ディランの著作*Chronicles: Volume One*に記された、ボブが祖母から教わったとされる言葉だ。「幸せは何かを達成することではない。それに向かう道程こそが、幸せなのだ」の意味で、「ロード」の言葉が二度も出てくる。ボブは六〇年近いキャリアの間、作風を多様に変化させてきたアーティストだが、旅や放浪のイメージを持つ曲を書くことにおいては、最新作まで一貫しており、彼の曲には、「ロード」や「ハイウェイ」の言葉が多数登場する。

本書の前半でも触れたように、ボブは一九五九年にジャック・ケルアックの『路上』を読み、人生が変わったと言っている。オーディオ・ブックで*Chronicles: Volume One*を、俳優のショーン・ペンによる朗読で聴いた。同様に『路上』や、その他のビート派の作品をオーディオ・ブックで聴いたが、ビートを刻むような音楽的な言葉の繰り出し方や、鋭い言葉を放り投げるように繰り出し意

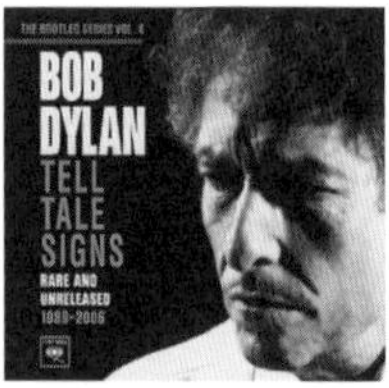

Bob Dylan / The Bootleg Series Vol. 8: Tell Tale Signs: Rare and Unreleased 1989-2006 (2008)

外性を生む点、シニカルで乾いた「男性性」の色濃い世界感、といった共通点があることが、「読む」のではなく「聴く」ことによりわかった。それらの点もやはり、様々に変化してきたボブのキャリアの中で、変わることの無かった数少ない領域ではないかと思う。

アルバム『追憶のハイウェイ61』（一九六五年）とそのタイトル・ナンバー“Highway 61 Revisited”は、ボブが生まれたミネソタ州ダルースを通る、ハイウェイ61から名付けられた。このハイウェイは、ルイジアナ州ニューオーリンズを起点にミシシッピ川沿いを走り、ロバート・ジョンソンが悪魔に魂を売ったとされる、ミシシッピ州のハイウェイ61とハイウェイ49の交わるクロスロード（ロバートの曲“Cross Road Blues”もこの伝説に貢献した）や、テネシー州メンフィス、ミズーリ州のセントルイス近くなど（本書に登場するハンニバルも通る）、ディープ・サウスのブルースマンが北上するルートでもあったので、別名ブルース・ハイウェイとも呼ばれている。

スターになるため、またニュージャージー州で入院している憧れのウディ・ガスリーに会うために、ボブはヒッチハイクをしてミネソタから出発。途中、シカゴ大学などのフォーク・シーンを見学してから、ニューヨーク州のマンハッタン島に降り立ったのは、一九六一年だった。本書でも何度も触れてきたロックンロールの流行と、カリフォルニア・サウンドの流行の間には、NYを中心としたフォーク・リバイバルの流行があった。子どものころ、ラジオでカントリーやブルースを聴き、ロックンロールの洗礼を受けたボブであったが、最初の成功は、自分で作った曲を歌うフォーク・シンガーとしてであった。

六二年発売のデビュー・アルバム『ボブ・ディラン』に収められた"Talkin' New York"は、自伝的な歌詞になっている——西からやってきた歌い手が、マンハッタンの摩天楼に驚きつつ、ギター一本かついで地下鉄にゴトゴト揺られ、フォーク・シーンの中心地グリニッジ・ビレッジにたどり着く。コーヒー・ハウスとやらで歌うと、ヒルビリーはいらないと言われる——貧しい田舎者であることを必要以上に強調した言葉づかいと、コミカルな歌い方が、腹を抱えるほどおかしい。フォーク・シンガー同士の交流を西部劇のような雰囲気で描写しているのが笑える、先述の *Chronicles: Volume One* は、史実と違う点が指摘されているが、この曲からもわかるように、ボブは最初から、ブルースマンのような"tall tale"（事実を何倍も誇張したり湾曲したりして、面白くした話）が得意なのだ。

アメリカに住んでいると、車での移動が多く、貧富の差や人種などで地域が分断されているので、自分のコミュニティの世界しか目に入らないまま生活することになる。田舎は家がまばらで、家族や友人以外と接する機会の少ない地域も多い。マンハッタンはアメリカでは珍しく、公共の交通機関や徒歩が中心なので、人種構成やカルチャーの異なるネイバーフッドが自然と目に入ってくるし、汚いところ美しいところ、人間の嫌なところいいところ、全て目にすることになる。人との距離が近いという意味では、ヨーロッパの都会や東京に似ている。アメリカには珍しくカフェが多いことも、東京やヨーロッパのようだ。

あくまで想像でしかないが、ボブは、保守的な中西部を離れ、自由でアーティスティックなマンハッタンに来て、最初はわくわくしたと思う。社会の縮図のようなマンハッタンは、物書きにとっては欠かせない、人間観察には最適だ。しかし、知的な創作に従事するアーティストの世界は狭くなりがちだ。カフェでの噂話も多いだろうから、名より実を取る中西部の価値観に比べ、スノッブな内輪の世界が表層的に見える時もあったのではないかと思う。

そんな雰囲気が、NY時代のボブの歌詞からは感じられるのだが、それが「家政婦は見た！」ならぬ「ボブ・ディランは見た！」のようで、庶民的なユーモアに溢れている。例えば、"Ballad of a Thin Man"（『追憶のハイウェイ61』収録）では、「課税控除のチャリティ団体に小切手を渡す」など、具体的過ぎる言葉が、聴くたびに「ぶっ」と笑いを誘う。スノッブな男を弾劾しているのだが、厳しい言葉の裏に、かすかな愛情も感じられる。

"Three Angels"（一九七〇年発売の『新しい夜明け』収録）では、いきなり黒人の牧師のようになったり、"Tweedle Dee & Tweedle Dum"（二〇〇一年発売の『ラヴ・アンド・セフト』収録）では、唐突に『マザー・グース』や『鏡の国のアリス』のキャラクター、トゥイードルダムとトゥイードルディーが出てきたりと、真面目な顔をしてふざけているようなボブの「ジョーカーマン」ぶりは、たまに作品に顔を出すので、いつも「ぶっ」となる瞬間を楽しみにしている。

ボブ・ディランは、キンクスのレイ・デイヴィスと並び、ロック界随一の詩人で、一〇〇年後にはシェイクスピアと並ぶ存在になると思う。それでもわたしにとって彼の歌は、ノーベル文学賞を受賞した偉大な人のものではなく、酒場にいる流しのギター弾きの口から聞こえてくるような、生活に密着し、日々使い倒せるようなものだ。本書執筆に当たって、家にあるボブのレコードを聴き続けたが（枚数が多いので、丸三日かかった）、全く疲れなかった。他のアーティストで同様のことを何度もしたことがあるが、大抵、途中でうんざりしてしまう。

疲れたり落ち込んだ時は、必ずボブの歌を聴く。彼の歌はわたしにとって、こんな存在だ。バーのカウンターで酒を飲んでいると、隣で不機嫌そうにずっとぶつぶつ言葉をつぶやいている人がいる。何を言っているのかよくわからないが、時々聞こえてくる言葉は、こちらを励まし、寄り添うものでもなく、突き放すようなもの。わたしは、彼に認められようとして自分を奮い立たすことも、装うこともしなくていい。なぜなら、彼の歌の中に、ダメな人間として既に歌われてしまっているのだから。

様々なミュージシャンが、ボブの歌から言葉を引用する。その解釈は一人一人違うが、みんな彼の言葉を、自分のものとして体内に取り込んでいるかのようだ。アメリカ人にとり、なぜこれほどまでにボブ・ディランの歌が身近なものであるのかと考えたときに、一つには「罪」の認識があるかもしれないと思う。“Like a Rolling Stone”（『追憶のハイウェイ61』収録）を聴くと、愚かな己の姿が歌われていて、このままでいい、別の誰かになる必要もないという赦しと、全てを失った末の開放感がそこにあるように思える。

罪の概念は、ユダヤ教徒やキリスト教徒でなくとも、カルチャーとしてアメリカ人が知らずのうちに触れるもののように思える。ユダヤ人であるボブは、七〇年代後半にボーン・アゲイン・クリスチャンになり、キリスト教三部作のアルバムを発表している。ボーン・アゲイン・クリスチャンを告白することは、幼児洗礼と異なり、自分の意思でクリスチャンになることを選び、信仰により生まれ変わったことを宣言することだ。クリスチャンやそうでない人々からも、めでたいこととして、通常は歓迎される。しかし、ボブのようにユダヤ人がクリスチャンになることは非常に珍しく、この世の終わりが来ると、ユダヤ教徒がキリスト教に改宗すると信じる人も大勢いることから、彼のような大物の改宗は、当時相当な衝撃をもって受け止められたと想像する。

新たに信仰を持つと、証として信仰告白をすることは当たり前なので、ボブがアルバムを出し、信仰の歌ばかり歌うツアーに出たことも不思議ではない。キリスト教三部作の一作目『スロー・トレイン・カミング』(一九七九年)は、ジャケットの絵からもわかるように、歌詞の内容がブルースに引っ張られていて、ゴスペルになりきれていない。神と自分の一対一の関係を告白するよりも、まわりに説教するような歌が多く、「〜ねばならない」と歌われる"Gotta Serve Somebody"を押しつけがましく感じたジョン・レノンが、返答歌"Serve Yourself"(一九九八年発売の『ジョン・レノン・アンソロジー』収録)を作ったのも、無理はない。余談だが、わたしが九八年にメリーランド大学で観た、ボブ・ディランとジョニ・ミッチェルのコンサートは、"Gotta Serve Somebody"で幕開けした。

二作目の『セイヴド』(一九八〇年)は、ポストに入っている宗教のパンフレットのようなジャケットは気持ち悪いが、ゴスペルらしい神への賛美に溢れていて、聴きやすい。どちらのアルバムもブラック・テイストの曲ばかりで最高なのだが、ボブの歌は言葉がダイレクトに入ってくるので、歌詞が重要なのだ。彼は一つ一つの言葉をはっきり発音するので、独特の歌い方に慣れれば、とても聞き取りやすいシンガーだ。彼にとっては、聞かれてこその歌なのだろう。八〇年代からネバー・エンディング・ツアーと呼ばれるエンドレスなロード生活を送っているのも、その意思の表れのように思える。

"Dreamin' of You"（二〇〇八年発売の『テル・テイル・サインズ』収録）のミュージック・ビデオは、ロード・ムービー『パリ、テキサス』（一九八四年）で主役を務めたハリー・ディーン・スタントンが、ボブのライヴの海賊盤を作るブートレッガーとして出演している。ルート66のステッカーを貼ったアタッシュケースを持ち、安モーテルに泊まりながら、くたびれた様子でボブのツアーを車で追い続ける。歌詞の方は、遠く離れた恋人を夢見るような言葉が綴られるなか、「幾年もかごに閉じ込められ　突然ステージに放り出された　思っていたよりも長く続くものがある」と、自身のキャリアを振り返るような言葉も出てくる。

出世作"Blowin' in the Wind"（一九六三年発売の『フリーホイーリン・ボブ・ディラン』収録）でボブは、「人は何本のロードを歩かなくてはならないのだろう？　一人前の男になるまで」と歌った。最新アルバム『ラフ&ロウディ・ウェイズ』（二〇二〇年）収録の"I've Made Up My Mind to Give Myself to You"では、「わたしは　絶望の長いロードを旅してきた」と歌う。二〇二〇年の来日公演はチケットを購入していたのだが、パンデミックのために中止となった。ゴールまで歩き続ける人生において、ボブの歌は支えとなる杖のようなものだ。彼の「絶望のロード」が、まだまだ続くことを願っている。

ボブ・シーガー “Turn the Page”
ブルーカラー詩人による史上最強のロード・ソング

Bob Seger / Live Bullet (1976)

他の観客とのちょっとした交流や、ステージ上の演者とのやりとりなど、ライヴの楽しさはステージ以外にもある。シカゴのライヴハウスでメタル・バンドのトゥイステッド・シスターを観た時のこと。オールスタンディングで、フロアにもスペースがあるのを見たヴォーカルのディー・スナイダーが、「俺もそうだが、みんなももう若くないよな。平日だから明日も朝から仕事があると思ってるだろ。だけど、二階の奴らも下に来てロックしろ！」と二階の客に呼びかけた。彼の言葉に大人しく従った人が多かったが、手すり越しに観ていたわたしたち夫婦は、「なんか怖いね」と、下に降りなかった。するとギタリストが、わたしたちの方を指さした後で、「殺すぞ」の意味で首を掻き切るジェスチャーをした。そうなるとこちらも、「何でいうことを聞かなくちゃいけないんだ？」という気分になり、意地でも降りなかった。ライヴ自体は最高で、ビール片手に残りの夜を楽しんだ。

客のごつさでいくとナンバー1は、NY州ロングアイランドにあったナッソー・コロシアムで観たキッスだ。いかついトラック運転手のような男性客ばかりで、キッスの地元であるせいか、熱気もすごかった。日本でキッスを観た時は、女性客も多かったので意外だった。客のごつさナンバー2は、ワシントンD.C.で観た、AC/DC。NBAとNHLを観戦したこともあるアリーナだ。満席の客は、ウェストバージニアの山の方から来たような、男女ともに巨大な二の腕に入れ墨をいれた人々ばかりで、アジア人のわたしたちに無言で、「邪魔だ」と言っているような威圧感があった。同じHR/HM系のファンでも、地域によってカラーは異なる。マンハッタンでジューダス・プリーストを観た時の客は、革ジャンを着た黒ずくめの、細身な人々が多かった。マンハッタンの客よりも、わたしはロングアイランドや、ウェストバージニア（に見える）人々に、親しみを覚える。

日本の観客に比べアメリカの観客は、演者に気を遣わない。スタジアムでローリング・ストーンズを観ると、キース・リチャーズが歌い出したとたん、トイレやビールを求めて大移動が起こるのが、お決まりだ。大物がツアーに出る前に、ウォーム・アップのために小さい「ハコ」でライヴをすることがある。ホール・アンド・オーツがそんなギグをやった時は、ヒットソングをやらず、セットリストのほとんどを新曲が占めた。「こんなの聴いてらんねーよ！」と言い、酒をあおる客が続出していた。

AC/DCのコンサートを除けば、アジア人であるために居心地の悪い思いをすることはなかったが、どのライヴでも珍しい客ではあった。家のすぐ近くのホールだったので、一人でトッド・ラングレンの『魔法使いは真実のスター』（一九七三年）完全再現ライヴを観た時。隣の席の年配女性に「あなた、このライヴの人が誰か知ってるの？」と驚いた様子で聞かれた。「はい。トッドは日本でもアメリカでも何度も観てますし、このアルバムが一番好きなんです」と言ったら、「それなら、ローラ・ニーロも聴きなさい」と言われた。「ローラ・ニーロかあ、聴かねえな」と内心思った。

追っかけのようなことはしないので、普段はミュージシャンにサインをもらうこともないが、エドガー・ウィンターのサインがどうしても欲しくて、アルバムとサインペンを持ちながら、彼のライヴを観ていた時のこと。「君のようなファンがいて嬉しいよ」と、とまどいながらも話しかけてくれた人がいて、嬉しかった。サインは、終演後にローディがわざわざアルバムを取りに来てくれ、楽屋でもらってきてくれた。

そんな楽しいライヴ人生を歩んできて、唯一の心残りは、ボブ・シーガーを一度も生で観ていないことだ。アメリカでは絶大な人気を誇るボブは、日本では全く人気がないので、来日しない。七〇年代から八〇年代にかけてライヴの王者として君臨し、終わりなきロード生活を続けていた彼は、わたしが大人になってからアメリカに住んだ九〇年代から二〇一〇年代は、ライヴをやったり、やらなかったりの状態が続き、とうとう二〇一九年にロードから降りてしまった。

ツアーを止めてしまったのは残念でならないが、ボブは、数々のロード・ソングの名曲を、われわれに残してくれた。ライヴの王者であるだけでなく、モーター・シティと呼ばれる自動車工業都市デトロイト出身であることも、彼の描く路上の物語に、本物の手応えを与えている。珠玉のロード・ソングに触れつつ、彼が生まれ育った土地を紹介しよう。

ボブ・シーガーは、ミシガン州デトロイトに生まれ、同州アナーバーで育つ。わたしがアナーバーを訪れた九〇年代は、落ち着いた学園都市で、いかにも学生向けといった雰囲気のヨーロッパ系のレストランで、ハンバーグらしき料理を食べた。アメリカでバーガーでないハンバーグに遭遇したのは、この時一度きりだ。名門ミシガン大学を抱えるアナーバーは、若者文化の栄えた六〇年代には、音楽的に活気のある街だったようで、ボブは、ブルースマンのウォッシュボード・ウィリー（車の洗車を本業にしていたことから付けた名前）の演奏を、クラブの外で必死に漏れ聞いていた。そのクラブは、アナーバーのメイン・ストリートから少し入ったアン・ストリートにあり、その時の体験を元にした曲が、"Main Street"（一九七六年発売の『炎の叫び』収録）だ。

ボブと同じ高校に通ったこともあるイギー・ポップも、この頃アナーバーで音楽活動を始めている。一九七一年には、ジョン・レノンとオノ・ヨーコが、アナーバーのミシガン大学所有のアリーナで、ジョン・シンクレアの支援コンサートに出演している。ボブの"Night Moves"（『炎の叫び』収録）は、アナーバーでの思い出を書いた曲だ。トウモロコシ畑を抜け、六〇年製シェビーの後ろで女の子といたした、夏の夜の体験が描かれている。

一〇歳の時に父親が家族を置いて出ていったため、ボブは貧しい生活を余儀なくされ、フォードとGMの自動車工場で働きながら、家族を支える。当時の体験は、ブルーカラー詩人としての彼の曲に、深い情感とリアリティを与えている。"Feel Like a Number"（一九七八年発売の『見知らぬ街』収録）では、名前も覚えてくれないボスの下ラインで働きながら、ただの番号として扱われることに耐えられなくなり、車で街を飛び出し、海に向かって「俺は俺だ！」と叫ぶ様子が歌われる。

デトロイトで活動を続けたボブは、地元では人気だったが、他の地域でブレイクせず、下積みが長かった。ザ・シルバー・バレット・バンドを結成し、ブレイクするきっかけとなったのは、キッスの前座を務めたことと、ライヴ盤『ライヴ』（一九七六年）のヒットだ。当時キッスがすごく良くしてくれたこと、ツアーを続ける彼らをお手本に、年間のほとんどをライヴに費やしたとボブは語っている。

本書執筆で選曲に当たり真っ先に思い浮かんだのが、至上最強のロード・ソング"Turn the Page"（一九七三年発売の『バック・イン'72』、『ライヴ』収録）だ——長く孤独なハイウェイを、一六時間走り続ける。レストランに入れば、視線が集まり爆発したくなるが、気にしないふりをして、寒さを払う。「あれは女かね　男かね」とささやくのが聞こえるのは、いつものこと。数で負けるから喧嘩を売る気もない。ロードに出て、ステージに立つ。スターを演じ、ありったけのエネルギーを絞り出す。

こう歌われる"Turn the Page"は、ロードで書かれた曲だ。吹雪の中、ツアーでアイオワ州を通過中のこと。明け方の三時に給油も兼ねてレストランに入る。ロードでは長髪のミュージシャンは喧嘩をふっかけられることが多かったので、メンバーのうち数人は、帽子に髪を押し込んでいたが、髪を長く垂らしていたメンバーを見て、男か女かと客が笑いものにする。この実体験が歌になっている。疲労と孤独に襲われながらもロードを歩み続ける悲哀と決意が歌われ、ロード・ソングのバックボーンには、ブルースや労働歌が流れていることのわかる名曲だ。

メタリカによる"Turn the Page"の秀逸なカヴァーには、ミュージック・ビデオがある。幼い娘を抱えたストリッパーが、安モーテルに泊まりながら、過酷なロード生活を続ける物語になっている。わたしは、日本とアメリカでストリップを観たことがある。友達の友達が出演するので、浅草のロック座に観に行った。踊り子の彼女は、美大に通っているせいか、踊りや衣装がアーティスティックだった。男性客にはお年寄りや障害者もいて、静かにアイドルを応援しているような雰囲気だった。ニューオーリンズのフレンチ・クオーターで入ったストリップ劇場は、ロック座とは対照的なムードだった。アメリカ屈指の歓楽街でもあるため、夫婦で気楽に見に来ている人たちもいて、明るくビジネスライクな感じだった。踊り子さんが、わたしと同じキティちゃんのピンクのキルティング・ポーチを持っていて、嬉しかった。

現在もデトロイト近郊に住むボブが、ロスでレコーディングした際、ハリウッド・ヒルズを運転中に思いついた"Hollywood Nights"では、中西部の青年がハリウッドで恋に落ちる物語になっている。この曲の収められたアルバム『見知らぬ街』のジャケットには、ハリウッドのキャニオンから見える夜景を背景に、ボブが写っている。このアルバムには、彼がハリウッドで出会った男たちにインスピレーションを得て書いた曲"Still the Same"も入っている。歌詞では、ミュージシャンとおぼしき人間をギャンブラーに喩え、「一つのゲームを長く続けないことがコツ」と、勝つために

ロス－ラスベガス間のオープン・ロード（1998年撮影）

ゲームからゲームを渡り歩く人物が描かれている。最後に歌い手は、大勢の人が観る中でプレイをするその人物を置いて去る。ハリウッドの取引に染まらない、ボブの意思が表れているような曲だ。

ボブ・シーガーの歌詞は、中西部の朴訥とした善良性と、東の不良性、ブルーカラーの骨太さを併せ持つ。そのサウンドは、モータウンの故郷デトロイトのソウルと、幾度となく彼がレコーディングした、マッスル・ショールズの南部性も合わさった、極上のロックンロールだ。

わたしがデトロイトを訪れた時のこと。泊まる予定にしていたダウンタウンを車で走っていると、大きなアメ車に乗った中年女性が、対向車線に何度もはみ出しながら、ジグザグに運転していた。明らかにドラッグの影響下にあると思われた。危ない都会の匂いがぷんぷんしたので、その夜は予定を変更して、空港近くのモーテルに泊まった。デトロイトは中西部だが、東の雰囲気を湛えた街でもある。サンクスギビングにニュージャージー州アトランティックシティに行き、カジノをやった時は、人相の悪い人々が集結していた。東特有の、安っぽい不良性というものがある。

デトロイトのような路地裏のノリというのは、良質のロックンロールを産む土壌となる。例えば、ペンシルベニア州フィラデルフィア。フィリー・ソウルの本場でもあるここを訪れた時は、アメリカ建国の歴史的建造物の横に、デトロイトのように危ないストリートが走っていて、「ああ、いいな」と思った。他には、メリーランド州のボルチモア。歴史ある古い港町だが、スラムもあり治安が悪い。エドガー・アラン・ポーの墓は危ないエリアにあるので、遂に訪れることはできなかったが、アウトサイダー・アート専門の「変テコな」美術館、アメリカン・ヴィジョナリー・アート・ミュージアムは、世界一好きな美術館で、何度も訪れた。『ピンク・フラミンゴ』(一九七二年)や『ヘアスプレー』(一九八八年)のジョン・ウォーターズ監督や、フランク・ザッパなど、「いかした変人」を生む土壌が、ボルチモアにはあるのだ。

ボブ・シーガーは、アメリカの心を歌ってきたシンガーだ。クリシェな言葉とベタな世界感は、アメリカの演歌ともいえる。しかしどの曲も、聴くたびに感動してしまうのだ。一九九一年から二〇〇四年まで続き、異例の大成功を収めたシボレーのシェビー・トラックのテレビ・コマーシャルには、"Like A Rock"(一九八六年発売の『ライク・ア・ロック』収録)がフィーチャーされている。CM

では、カウボーイなどアメリカのブルーカラー・ワーカーたちが、肉体労働をするさまが描かれている。"Like A Rock"の歌詞でボブは、二〇年歩んできた道を振り返り、一八歳で庇護もないまま、ぎりぎりの生活をしたが、岩のように立っていたこと、だまそうとする人々の中で、毅然と夢を持ち続けたことを歌っている。

"Against the Wind"（一九八〇年発売の『奔馬の如く』収録）でも、若い頃を振り返っている。数々のロードを、走るために生き、生きるために走ってきた。年を取り、友人だと思っていた、見知らぬ人々に囲まれた現在。道を見失ったのかもしれない。守らなければいけない約束事も増えた。若いころに知らなかったことを、今も知らないままだったらと思う。風をよけるための隠場を求めて、さまよい続けた。それでもまだ、風に逆らい走り続ける、とボブは歌う――。ロードはこれからも続く。彼の詩をポッケにしまい、歩みだそう。

あとがき

洋楽の歌詞解説を始めてちょうど五年になる。それまで歌詞にはそれほど興味はなく、趣味で訳詞をしたこともなく、完全なる「音派」だった。一五年続いた海外生活が終わって帰国し、英会話講師やテレビ番組制作のバイトをするうちに自分で運営がしたくなり、ビジネスコンサルタントに相談した。まず動画で認知してもらいなさいとアドバイスされ、YouTubeを観れば、若くて華やかな英語講師ばかりだ。そこで、自分にしか伝えられないものは何だろう?と考えた。

「関ジャニ∞クロニクル」というフジテレビの番組で、「英会話伝言ゲーム」のコーナーを担当し、例文を大量に作っては書き直しやボツの嵐、という状態が何年か続いた。きつい締め切りのなかで自分を奮い立たせるために聴いたのは、イーグルスの"Take it to the Limit"で、己の状態の大変さにばかりに目がいき、大切なのは受け手、という基本を忘れそうになった時に聴いたのは、同じくイーグルスの"Take it Easy"だった。そういえば今まで生活に寄り添ってくれた歌詞がいくつもあったなと思い、洋楽の歌詞解説の動画を作ることにした。吉祥寺にあるいきつけのMojo Caféで撮影させていただいた、記念すべき第一曲目は"Take it Easy"になった。

ビーチ・ボーイズの"Disney Girls (1957)"の歌詞解説動画を作った時のこと。都会の生活に疲れた主人公が、故郷での幼い恋を思い出し、あのまま田舎に残り"white picket fence"のような人生を歩んでいたら……と妄想する歌詞だった。おや、成功したロックスターも、普通の人生を選んでいたらと想像するのだな、と思った。

イベント出演や雑誌で歌詞の解説をさせてもらうようになり、編集者の藤本国彦さんと、イラストレーターの杉本綾子さんとともに、『ビートルズは何を歌っているのか?』と『クイーンは何を歌っているのか?』(いずれもシーディージャーナル)の本を出版した。ビートルズは、他の人と違うものの見方や生き方を歌詞から教えてくれた。クイーンには、名声に苦悩し、評論家の酷評に悩まされながらも、後続に具体的にアドバイスするような歌詞もあった。

エルトン・ジョンの"Goodbye Yellow Brick Road"は、父親の言うことを聞いて農場に留まれば良かったと歌う主人公が、華やかなイエロー・ブリック・ロードの向こうにある、別の道を望む歌詞になっている。ふむふむ、作詞をしたバーニー・トーピンは、富と名声に翻弄されるよりも、地に足の着いた生き方を望んでいるのかもしれないな、と思った。

歌詞だけでなく、解説のために大量に読み込むインタビューや自伝からも、音楽家にとって名声とはやっかいなものであること、それぞれ異なるやり方で、異なる道を模索していることがわかり、SNSの登場で誰もが注目され批評の対象になり得る今、何に軸を置くかが大事になり、長年にわたる音楽家の試行錯誤から得るものは大きいのではないかと思うようになった。

歌詞解説をしてきて、気づいたことがある。わたしはどうも、甘いラブソングがそれほど好きではないなと。じゃあ、歌われているテーマで何が一番好きなんだろう?と改めて考えてみた結果、それは圧倒的に、オン・ザ・ロードの生活を歌った曲であることに気づいた。世の中の多くの人から見れば非日常的な、彼らにとっての日常であるロード生活を歌った曲は、歌い手の苦悩や喜びが息づかいから、ロードの景色や香りがサウンドから、昇り立つように思えた。それは、わたしがアメリカで見た風景や、匂いと重なるものが多かった。アメリカン・ロックは七〇年代の前半に日本でとても人気があったが、八〇年代以降はブリティッシュ・ロックに比べて、日本では人気が劣るように思える。アメリカン・ロックの魅力を伝えるには——特に単純なだけと誤解されがちなその歌詞の世界を伝えるには——自分がアメリカで目にしてきたものも合わせて紹介した方がいいのではないかと考えるようになった。

藤本国彦さんの『ゲット・バック・ネイキッド——1969年、ビートルズが揺れた22日間』(青土社)をお手伝いした際に藤本さんにご紹介いただいた、青土社の加藤峻さんと本作りをご一緒させていただくことになった。アメリカン・ロックの歌詞解説だけでなく、ディスク・ガイド的な要素も少し入れ、多様な音楽家の生き方から学ぶ知恵のようなものもあり、ロード・ソングの魅力も伝える——このような盛りだくさんの本にするためには、全体を貫く大きなテーマが必要になった。

そのヒントを与えてくれたのは、サントリー発行の『ウイスキーヴォイス』二〇二〇年春・夏、六五号に書いた巻頭エッセイ「ウイスキーはふんだんに」だ。原稿を依頼されたのは、新型コロナによる一度目の緊急事態宣言が出された時。バーやライヴハウスが営業自粛を余儀なくされ、ライヴハウスでクラスターが発生したことから、ギターを抱えているだけで、心ない人から嫌な言葉を投げかけられるような時期だった。ミュージシャンも同じ人間なのに。彼らが何を考えているのか、人々が歌詞から知ることができたら、と思った。

日本には音楽喫茶と音楽バーという、偉大なる文化がある。アメリカでロック・ファンが行く店はライヴを提供するところが多く、日本のように大量のアナログ・レコードが置かれていて、マスター選りすぐりの曲をかけてくれ、リクエストに応じてくれるような店は、ほとんど無い。アメリカから遊びに来た友人を東京のそういった店に連れて行くと、みんな一様に大喜びする。ローリング・ストーンズ好きの友人を吉祥寺の路地裏にある小さなロック・バー(残念ながら閉店してしまった)に案内したら、「入店した途端、店主が目で合図してくれて、ストーンズをかけてくれた！　世界一クールな店だよ！」と絶賛していた。渋谷のB.Y.G.を、「懐かしいけれど新しい感覚だ」と言った人もいた。

『ウイスキーヴォイス』は、全国のバーに配布される。ロック喫茶とロックバー巡りを趣味にしているわたしは、音楽とお酒の楽しい時間を提供してくれるお店に、感謝の気持ちを抱きながらエッセイを書いた。ロスのサンセット・ストリップにある音楽クラブを歌った曲を二つ、お酒と音楽にまつわる自分の体験も少し混ぜながら紹介した。「お酒」と「音楽」についてのエッセイを書いたから、「旅」と「音楽」についての本もいいな。サンセット・ストリップのような短いストリートでも、たくさんのドラマと歴史があるのだから、ルート66のような長いハイウェイだったら、どんな物語がそこにはあるんだろう――こんなことを考えるうちに、この本の大きなテーマが決まっていった。

ルート66をドライブしながら次第に様子がつかめてくるように、この本を書き始めるまでは想定していなかった要素が、書き進めるうちに見えてきた。それは、時間と空間のエレメンツ。ロック・ミュージシャンの前には、ネイティヴ・アメリカン、オーキー、ヴォードビル芸人など、様々な先人がルート66上を旅したこと。縦と横の移動から生まれる新たな音楽。自分が観てきたライヴをわたしは点でしか捉えていなかったが、線でつなげば、いちリスナーのささやかな体験も音楽史の一部であること。企画書の段階で選んだ曲は六〇曲で、章立てはもっと細かかったが、調べていくうちに各曲・各アーティストのストーリーがあまりに面白く、音楽史の観点からみても重要であることに気づき、最終的に二五曲に落ち着いた。

本書には差別用語が含まれますが、歴史上の背景を伝えるために、当時使われていたままで使用しました。

編集の加藤峻さんには、執筆中に何度も相談に乗っていただきました。ルート66を取り上げたノスタルジアの本にとどめず、現在のアメリカを伝える要素も盛り込むことを提案してくださったのも、加藤さんです。自分の体験を言葉にするのは恐れ多い気持ちもありましたが、加藤さんのいつも前向きなご助言により、固定観念に縛られずに自由に書くことができました。御礼申し上げます。ロード・ソングの本を作りたいと相談したら、面白いね！と言ってくださり、この本を作るチャンスを与えてくださった藤本国彦さん、ありがとうございます。『ビートルズは何を歌っているのか？』と『クイーンは何を歌っているのか？』に引き続き、素敵な装丁をデザインしてくださった松田行正さん、ありがとうございました。アメリカに連れて行ってくれた両親、アメリカ中を一緒にドライブし、ライヴを観まくった相棒である夫にも感謝します。

朝日順子

二〇二一年五月二二日

参考文献

Allman, Gregg *My Cross to Bear.* (Harper Collins, 2012)

Berry, Chuck *Chuck Berry The Autobiography.* (Fireside, 1987)（中江昌彦訳『チャック・ベリー自伝』音楽之友社、1989年）

Charles River Editors, *American Legends: The Life of Chuck Berry.* (CreateSpace Publishing, 2014)

Delmont, Matthew F. *Nicest Kids in Town: American Bandstand, Rock 'n' Roll, and the Struggle for Civil Rights in 1950s Philadelphia.* (University of California Press, 2012)

Dylan, Bob *Chronicles.* (Simon & Schuster, 2004)（菅野ヘッケル訳『ボブ・ディラン自伝』ＳＢクリエイティブ、2005年）

Felder, Don *Heaven and Hell: My Life in the Eagles, 1974-2001.* (John Wiley & Sons, Inc., 2008)（山本安見訳『ドン・フェルダー自伝　天国と地獄――イーグルスという人生』東邦出版、2010年）

Granda, Michael Supe *It Shined: The Saga of the Ozark Mountain Daredevils.* (Authorhouse, 2008)

Helm, Levon *This Wheel's on Fire: Levon Helm and the Story of The Band.* (Chicago Review Press, 1993)（菅野彰子訳『ザ・バンド　軌跡』音楽之友社、1994年）

Hoskyns, Barney *Hotel California: Singer-Songwriters and Cocaine Cowboys in the L.A. Canyons 1967-1976.* (Harper Collins, 2005)

Johns, Glyn *Sound Man.* (Blue Rider Press, 2014)（新井崇嗣訳『サウンド・マン――大物プロデューサーが明かしたロック名盤の誕生秘話』シンコーミュージック、2016年）

Keogh, Pamela Clarke *Elvis Presley The Man. the Life. the Legend.* (Atria, 2004)

Kerouac, Jack *On the Road.* (Penguin Audio, 2007)（青山南訳『オン・ザ・ロード』河出文庫、2010年）

Lomax, Alan & Guthrie,Woody & Seeger, Pete *Hard Hitting Songs for Hard-Hit People.* (University of Nebraska Press, 1999)

Lydon, Michael *Good Old Grateful Dead.* (Audible Studios, 2016)

Marcus, Greil *Mystery Train : Images of America in Rock 'n' Roll Music.* (Plume, 2015)（三井徹訳『ミステリー・トレイン――ロック音楽にみるアメリカ像』

第三文明社、1989年）
Parton, Dolly *Songteller: My Life in Lyrics.* (Chronicle Books, 2020)
Ribowsky, Mark *Whiskey Bottles and Brand-New Cars: The Fast Life and Sudden Death of Lynyrd Skynyrd.* (Chicago Review Press, 2015)
Robertson, Robbie *Testimony.* (Crown Archetype, 2016)（奥田祐士訳『ロビー・ロバートソン自伝――ザ・バンドの青春』DU BOOKS、2018年）
Sounes, Howard *Down the Highway: The Life of Bob Dylan.* (Grove Press, 2001)（菅野ヘッケル訳『ダウン・ザ・ハイウェイ――ボブ・ディランの生涯』河出書房新社、2016年）
Steinbeck, John *The Grapes of Wrath.* (Penguin Audio, 2011)（伏見威蕃訳『怒りの葡萄』（上・下）新潮文庫、2015年）

［著者］朝日順子（あさひ・じゅんこ）
1970年、千葉県市川市生まれ。翻訳家・編集者・音楽ライター。イベント出演と執筆を中心に、洋楽の歌詞解説を手掛ける。著書に『ビートルズは何を歌っているのか？』『クイーンは何を歌っているのか？』（ともにシーディージャーナル）がある。フジテレビ系「FNS27時間テレビ」「関ジャニ∞クロニクル」（英会話伝言ゲーム等）の制作・英語監修、関ジャニ∞「All You Need Is Laugh」の歌詞監修と特典映像の制作・出演もしている。上智大学文学部英文学科卒業。

ルート66を聴く

アメリカン・ロード・ソングは何を歌っているのか

2021年6月10日　第1刷印刷
2021年6月28日　第1刷発行

著者――朝日順子

発行者――清水一人
発行所――青土社

〒101-0051　東京都千代田区神田神保町1-29　市瀬ビル
［電話］03-3291-9831（編集）　03-3294-7829（営業）
［振替］00190-7-192955

組版――フレックスアート
印刷・製本――双文社印刷

装幀――松田行正

ISBN978-4-7917-7391-6　C0073